U0561104

悟读课文

统编小学语文教材文本新解

大夏书系·语文之道

刘恋 著

王崧舟 点评

华东师范大学出版社
全国百佳图书出版单位
·上海·

图书在版编目（CIP）数据

悟读课文：统编小学语文教材文本新解 / 刘恋著．—上海：华东师范大学出版社，2021

ISBN 978-7-5760-1627-7

Ⅰ.①悟… Ⅱ.①刘… Ⅲ.①小学语文课—教学研究 Ⅳ.① G623.202

中国版本图书馆 CIP 数据核字（2021）第 070102 号

大夏书系·语文之道

悟读课文

——统编小学语文教材文本新解

著　　者　刘　恋
点　　评　王崧舟
策划编辑　朱永通
责任编辑　任媛媛
责任校对　杨　坤
封面设计　奇文云海·设计顾问

出版发行　华东师范大学出版社
社　　址　上海市中山北路 3663 号　　邮编　200062
网　　址　www.ecnupress.com.cn
电　　话　021-60821666　　行政传真　021-62572105
客服电话　021-62865537
邮购电话　021-62869887　　地址　上海市中山北路 3663 号华东师范大学校内先锋路口
网　　店　http：//hdsdcbs.tmall.com/

印 刷 者　北京季蜂印刷有限公司
开　　本　700×1000　16 开
插　　页　1
印　　张　13
字　　数　182 千字
版　　次　2021 年 5 月第一版
印　　次　2021 年 5 月第一次
印　　数　6 100
书　　号　ISBN 978-7-5760-1627-7
定　　价　49.80 元

出 版 人　王　焰

目　录

下卷

序 / 王崧舟

文本解读，兹事体大。

兹事体大的流弊，是对权威解读、正确解读的盲从、屈从和媚从。这样说，丝毫没有藐视“权威”、颠覆“正确”的意思。相反，权威自有道理，正确尽可参考。但这一切，得有一个思考原点：解读何为？

对此，刘恋有着比常人更敏锐、更清晰的觉知。在解读孟浩然的经典之作《春晓》时，刘恋以“因‘惜’而‘喜’？因‘惜’而‘伤’？”为题，毫不掩饰地将自己的思考原点亮了出来。

对《春晓》一诗的主旨解读，权威如《千家诗全鉴》所言：“这是一首惜春的诗……抒发了对烂漫春光的喜爱。”又如《唐诗鉴赏辞典》所言：“诗人要表现他喜爱春天的感情……表现了诗人内心的喜悦和对大自然的热爱。”

同样，对《春晓》一诗的教学解读，正确如《教师教学用书》所言：“借助拼音朗读古诗、背诵古诗，感受雨后清晨的美丽春光。”又如《小学语文名师文本教学解读及教学活动设计》所言：“诗人描绘了一幅春天早晨清新美好的春景图，含蓄地表达了对春天的喜爱。”

“惜春”之说，自是千古定评；“爱春”之情，亦是老生常谈。然刘恋认为，上述种种解读，权威也罢，正确也好，都忽略了“惜春”主题下衍生出来的“伤春”情绪。她进一步指出：“这种被‘概念’遮蔽的状态，呈现出对具体作品赏析时的某种敷衍性。”

某种敷衍性，早已成了不少读者的集体无意识，借用佛家的语言，可谓之“无明”。与“无明”相对，则是“澄明之境”。以“澄明之境”直面《春晓》，如刘恋所言：诗人之所以在这样一个风和日丽的春日早晨仍念念不忘昨夜的风雨交加，并为满地狼藉的落英发出感喟，其中隐藏的实则是一份强烈的伤春之情。

可惜，能以一己“澄明”照见《春晓》背后隐藏的伤春心境，继而窥见那颗柔软、易感的诗心，并为之沉浸、为之濡染，由此成全“持人之行使不失坠”（王先谦《诗三家义集疏》）的自我救赎与超拔者，一如晨星，寥寥无几。

如此，就不是“某种敷衍性”所能解释周详的了。愚以为，文本解读的“无明”状态——

缘自“期待视野”的逼仄。心中有佛，所见皆佛；心中有魔，所见皆魔。正是自身长期构筑的“期待视野”，深刻影响着你对文本的所见所发。一如刘勰所言：圆照之象，务先博观。不读书，读书少，只读消费自己、娱乐大众的书，耐不住读书的寂寞与孤独，必然导致“期待视野”的逼仄。逼仄的视野，焉知“影照摘花花似面”中“摘”之一字的“纤细”，又焉知“摘花小袖犹依竹”中“摘”之一字的“幽独”。如此一来，自然也见不出李白《夜宿山寺》中“手可摘星辰”的“摘”之微妙与神韵来。

缘自“规范压力”的焦虑。保持独立之人格、自由之思想，绝非易事。“群体中的个人是沙中之沙，风可以随意搅动他们。”（古斯塔夫·勒庞语）因了对主流价值的质疑，对大众口味的疏远，结果往往是被主流打压、被大众抛弃，个中的孤独与焦虑恐非一般人所能理解。在安全感与孤独感之间，绝大多数人会本能地攥紧前者。迫于规范的压力，对清少纳言的《四季之美》，人们大多囿于“春天最美是黎明”“夏天最美是夜晚”“秋天最美是黄昏”“冬天最美是早晨”的浅层解读，却鲜有人如刘恋所疑：为什么一天那么多时段，在清少纳言眼中，“最美”却唯“黎明”“夜晚”“黄昏”“早晨”所属呢？此类质疑，对普罗大众而言，非不能也，实不敢也。

缘自“价值迷失”的自卑。语文老师，在不少人眼中，不过就是一个饭碗，比上不足，比下有余；语文文本解读，也不过是例行公事，尽本分而已。于是，有教参正确的保障，有名师权威的指示，自己又何必去做劳而无功、枉费心机的解读呢？大文豪列夫·托尔斯泰的《跳水》，按故事起因、经过和结果的顺序，刻画了一位临危不乱、沉着机智的船长形象。至于情节展开过程中作者如何设置多重矛盾的冲突，如何神不知鬼不觉地将多重矛盾冲突呈现出来，又如何在多重矛盾冲突中神不知鬼不觉地完成对船长这一形象的塑造，多数人往往事不关己、高高挂起。

缘自“心理舒适”的惰性。人大多耽于心理舒适区的安全与自在，惯于享受此一领地的岁月静好、现世安稳。有人教一辈子语文，课堂上一直唱着过去的歌谣。职业惰性，完全消磨了他们曾经的朝气、才气与锐气。事实上，真正的文本解读，是一项极为艰苦的智力活动，甚至关涉整个生命的在场和去蔽。

个中情状，五味杂陈，如水在口，冷暖自知。耽于舒适区的人，自然对“泉眼无声惜细流”中透露的“有情有义”熟视无睹，自然对“树阴照水爱晴柔”中画面的“曲折”与“层叠”麻木不仁，自然对“小荷才露尖尖角，早有蜻蜓立上头”中诗人气定神闲的“入微观察”置若罔闻。文本的一切风景，早已在惰性如磐的长夜里消逝得无影无踪。

缘自“觉知粗钝”的无感。文本解读，是一个从直觉到理性再到直觉的螺旋上升的认知过程。直觉，既是文本解读的源头，亦是文本解读的归宿。遗憾的是，人的头脑因为充塞了太多的概念、观念、理念、信念，又念兹在兹、执念如渊，最终导致文本觉知的一叶障目、茫然不觉。很少有人能像刘恋这样，读到“迟日江山丽，春风花草香”时，直觉地把握到“江山”的辽阔、“花草”的空濛，而将整个画面想象成全景式的广角镜头；读到“泥融飞燕子，沙暖睡鸳鸯”时，直觉地感知到“燕子”举象不同于“啼鸟”的概括、“鸳鸯”为物有别于“浮禽”的抽象，而明了诗人视角的改变、镜头的调整，进而读出全诗画面的层次感、意脉的节奏感。

在技术主义甚嚣尘上、工具理性独霸一方的时代，刘恋的《悟读课文——统编小学语文教材文本新解》带给我们的首先是一种“元解读”的启示：若无解读者内在的澄明之境，一切技术不过是花拳绣腿，一切工具无非提线木偶。拓宽期待视野，接纳规范压力，摆脱价值迷失，超越心理舒服，敏化觉知粗钝，才是修炼文本解读功夫的无上正等正觉。

为了教学的文本解读，自然是五方会谈的结果，文本、作者、教师、学生、编者，一个都不能少。而其终极意义，则常常被落在学生身上。就课程与教学论视域看，这样的理解既是正确的，亦是权威的。但是，当我们改变视域，站到存在主义立场，则这样的“正确”还需商榷，这样的“权威”亦可挑战。

面对“正确”与“权威”，刘恋说：我们读到的一切诗文，不过是读出我们自己罢了。

一切解读，最终必然回到解读者自己身上。从这个角度看，不是解读者在解读文本，而是文本在解读（建构、塑造、创生）解读者。海德格尔说，“作诗是本真的让栖居”，愚以为，解读又何尝不是本真地让栖居呢？

在解读《枫桥夜泊》时，刘恋说：千年之前，寒山寺的钟声撞击诗人心扉，使其一己“愁眠”最终脱却凡尘，化入空境。因了那不朽的失眠，我们看到人格因放下而轻盈，因轻盈而升腾，因升腾而融入天人合一的境界。

这样的愁眠，岂为张继所独有？这样的解读，何尝不是对自家愁眠的一种抚慰、一种疗愈、一种智慧的开显？

在解读《红楼春趣》时，刘恋如是说：注意“不忍”二字，何谓“不忍”？恻隐之心也。与之相反，则是面对残忍之举的无动于衷。大观园一众人等，皆为放风筝而感到“有趣”。唯有黛玉，却看见了这种“有趣”背后的“残忍”。因为在黛玉心中，“风筝不是无情物”，放走风筝，就是放走一个有血有肉、有情有义的生命。

是黛玉“不忍”，还是刘恋“不忍”？是黛玉看见了这种“有趣”背后的“残忍”，还是刘恋看见了这种“有趣”背后的“残忍”？解读从来就不是作壁上观，它是一盏灯点亮另一盏灯，彼此光明合一，敞亮无际。

在解读统编小学语文所选入的全部苏轼诗词时，刘恋如是说：时人对“豪放”一词，多草草解之。殊不知，所谓“豪放”，并非一味豪言壮语，而是无论失意得意，心性始终能安住于宁静平和之中。于这宁静平和中，生发出一份豁达与洒脱，即便身处逆境，依然保有提振生命的力量与智慧。

失意得意，顺境逆境，何尝不是每个人的人生际遇？于“豪放”中读出苏轼背后那个心无挂碍的生命境界，诚所谓同声相应、同气相求是也。若非瞬间的精神契合，焉能于当下生发出如此深刻的洞见？那一刻，解读照见了解读者自己的心性，写作唤醒了写作者内在的智慧。

刘恋以她自己独一无二的“解读史”，或隐蔽，或透明，或黯晦地向世界倾诉着自己是个怎样的人。

刘恋当然没有忘记“语文教师”这一身份，事实上，她对教材文本所作的解读，从未越过课程与教学的边界；但是，刘恋更没有忘记的，是“人”。

没有“人”，解读何为？

福柯说，“我们必须把我们自己作为一件艺术品来创作”。刘恋通过对文本的解读，完成了对自己的解读（建构、塑造、创生）。解读为灯，她找到了她自己。所不同的是，那是一个在解读中变得更干净、更纯粹、更柔软的自己。

是为序。

2020 年小满于泊静斋

上卷

情随境生　望月即思

——李白《静夜思》解读（统编语文一下）

静夜思

（唐）李白

床前明月光，疑是地上霜。
举头望明月，低头思故乡。

李白这首《静夜思》，对很多读者而言，称之为“最熟悉的陌生人”毫不为过。关于此诗，上至耄耋老人，下至咿呀学语的小儿，可谓“无人不知，无人不晓”。然而，这首脍炙人口的诗，何以在历代诗词中经久不衰？它究竟有何独特的艺术魅力？所知者却是寥寥。本文将以此作为思考起点，试探析李白《静夜思》一诗中的艺术特色及其成因。

这首五言绝句，以通俗晓畅的语言，直抒思乡之情，广为流传。然而，殊不知，在此区区二十字内，诗人抒写的感情竟是多层次的、富有变化的。也就是说，李白在创作时，对这种思乡之情的抒写，并非人们所见的“直抒胸臆”，他注意到了诗歌脉络发展的层次性。这决定了诗人在创作时并非全然直笔，仍有曲笔。这就是此诗艺术成就上第一个出人意料之处：在有限的字数里，最大限度完成了感情的曲折变化。

众所周知，与西方浪漫主义诗歌相较，中国诗最大的特点是以“含蓄”

取胜。这种“含蓄”，在诗歌中表现为：诗人往往将心中所感寄托于某些客观事物，使主观情感融入客观事物，避免直抒胸臆。诗人的主观感情与客观事物之间，形成高度和谐统一的艺术境界，那便是我们在诗论中常言的“意境”。换句话说，中国古典诗歌是借“意境”来抒发感情的一种艺术形式。

袁行霈老师在中国诗歌艺术研究中指出，中国古典诗歌是以“意境”作为古典美学之重要范畴的。

中国传统诗歌理论中，对“意境”的最初关注，直至最终确立其在中国诗词艺术创造中的重要地位，经过了一段颇为漫长的时期。较早的诗论提出所谓“诗言志”，继而又有庄子提及“诗以道志”，及至后期陆机、刘勰等文论家提出的朴素理论，均尚未考虑诗人的主观情感与客观事物之间的交融关系。经过漫长时期理论的融合与沉淀，最终深入探讨“意境”内核的是王国维。在前人理论的基础上，王国维在《人间词话》一书中指出：能写真景物、真感情者，谓之有境界，否则谓之无境界。

所谓“真感情”，不难理解，实指作者在作品中对真实内心体验与情感的表达。何为“真景物”？“景物”尚有真假耶？读者只需提及“意境”概念，便不难理解，盖“真景物”，即经诗人主观情感艺术加工后所见所感之“景物”也。概言之，便是主观情感与客观景物相交融。

那么，在中国古典诗歌中，主观的“意”与客观之“景”是如何经诗人之手构成统一“意境”的？我们仍借用袁行霈老师的观点：情随境生。也就是说，诗人在诗歌中所抒发的感情，并非“事先酝酿”的，而是随着自己眼前所见事物与情景临时生成的。这种感情无“计划性”，全然表现为一种“随意性”，或曰“临时性”。

为了证实这种“随意性”，我们选取同类题材，即“望月而思”主题，以张九龄《望月怀古》一诗作为对比材料加以分析。

望月怀古

（唐）张九龄

海上生明月，天涯共此时。

情人怨遥夜，竟夕起相思。

灭烛怜光满，披衣觉露滋。

不堪盈手赠，还寝梦佳期。

这首诗题为“望月怀古”，其实，此四字内隐藏的诗人感情逻辑线应为：“怀古—望月”。也就是说，诗人在“望月”这一行为开始之前，“怀”这种感情便已经先行产生。整首诗的感情最终凝结在“相思”这个焦点上。这种感情在全诗中起到支点作用，也就是说，诗中一切行为的发生，即“怨遥夜”“起相思”“灭烛”等都是在“相思”这种强烈情感下生发的。“相思”在此诗中，是一种具有主导性的感情。这种感情的主导性，在此诗中更表现为一种“持续性”，诗人直至在梦里也要将这种“相思”之情延续下去——“还寝梦佳期”。不难发现，这首诗是在“相思”这一感情主导下完成的。诗人看似在直接描写“望月”这种外在行为，实则表露的是内心深处对团圆的沉郁渴盼。

同样为“望月而思”的主题，李白在《静夜思》一诗中表现出的“思念”之情则具有鲜明的“随意性”与“临时性”。这是此诗第二个值得读者关注的艺术价值所在。

“随意性”表现为诗人主观情感的瞬间爆发。由此产生的艺术效果，表现为读者阅读心理的微妙转变。在这首诗中，诗人对“随意性”情感的传达，是通过两种情绪的变化完成的。这种情绪的变化，使得原本短小的绝句，在诗歌脉络的走势上呈现出一种层次性的动态之美。

第一句，“床前明月光”。诗人避免了对“月亮”这一意象的直接描述，转而以“月光”入诗。读者断不可忽视其中缘由。诗人借这一简单的诗句，暗中告诉读者其真实的创作意图，即“作诗之意不在月”。也就是说，诗人今夜原本不是为“望月”而来的。

李白在“有计划的”望月行为下所作诗歌不在少数：“青天有月来几时，我今停杯一问之”，这是受“李白式浪漫主义”情怀作用而有的“望月”行为；“花间一壶酒，独酌无相亲。举杯邀明月，对影成三人”，这是为了消释孤独而产生的“望月”行为；“我在巴东三峡时，西看明月忆峨眉。月出峨眉照沧海，与人万里长相随”，这是为思念远去的友人而“望月”……

“月亮”，可谓李白永恒的倾诉对象。然而，在《静夜思》一诗中，李白此番却不为“望月”而作。也就是说，“月亮”能入此诗，出乎诗人“意料之外”。

如果说这种论断过于主观，第二句便为此判断提供了有力佐证。

第二句，“疑是地上霜”。一个“疑”字，值得留意。“疑”，说明当诗人发现地上的月光时，他是感到意外的、吃惊的。这便反映出一个矛盾点：若诗人今夜意为“赏月”而来，天空中的那轮明月理应成为诗人重点描述的对象。而由诗题“静夜思”之“静夜”二字可知，诗人此时的关注点并非聚焦在“月”这个唯一意象上。这便意味着，诗人将“月亮”模糊处理了，唯以“静夜”二字渲染整首诗的气氛。

又或者说，诗人若“为月而来”，那么对于月亮的存在，以及对床前的月光产生惊叹与怀疑（“疑”）一说，则显得不合情理。请注意，此句中的“疑”字，并非简单作“怀疑”解，它更包含一种诗人因惊讶而产生的感情波动。其情感色彩是强烈的，情感波动更是激烈的。

在第一、二句中，李白通过“疑”字，暗中交代了此夜“望明月”的行为是全然“无计划的”。所以，这种强烈的“疑”之感情的发生，便具有了“随意性”“临时性”的特点。

值得读者留心的是，这两句诗中包含一个显而易见的“比喻”，即将月光喻为地上之霜。很多读者在赏析这两句诗时，草草将其概括为：“此处足见李白想象之神奇、之丰富”云云，然而究竟“神奇”在哪、“丰富”在哪，却不知从何探究。

我们且看诗人在这两句中选择的两种事物：“明月光”与“地上霜”。从空间位置上说，“月”在天上，“霜”在地上，意味着二者之间相距遥远；从物质形态上说，“月光”是无形的，“霜”则是有形的，二者间存在本质性区别。这便是此一“比喻”的特殊性所在：在比喻手法中，有“近取譬”与“远取譬”之分。诗人将天上的“明月”与地上的“霜”作比，属于后者，即“远取譬”。它带来的艺术效果具有冲击性，极具感染力。如谢道韫咏絮诗：“白雪纷纷何所似？未若柳絮因风起。”之所以比旁人诗句胜出一筹，便在于她抓住了“白雪”与“柳絮”这两种看似毫无关联的事物之间的微妙联系，在读者的阅读体验中激起一种新鲜感。

仍回到“床前明月光，疑是地上霜”这两句来。这个比喻另一个艺术成功之处在于，它将月光“清寒”的特点具体、可感化了。杜甫有诗，“清辉玉臂寒”，“清辉”实则对“月光”的直接描述，及至后句一“寒”字，仍属对月光清幽特点的直述，属于直接告知。然而，李白却借用一种远取譬，将“月光”比之“霜”，通过调动读者个体主观经验，将月光的清幽与冰寒之感形象贴切地体现出来。

“明月光”与“地上霜”这两种事物之间的比较，就整首诗而言，仍起到关键性的铺垫作用，内中隐藏着“远与近”的距离交代。即对于诗人而言，天上的“明月光”是遥不可及的，谓之“远”；“地上”的“霜”却是触手可得的，谓之“近”。这种“远与近”，实则为后文诗人情绪的第二次突现作伏笔。

第三句，“举头望明月”。此句仍然描述了“月亮”之于作者距离的“远”。请注意，这种距离上的“远”，诗人是通过“望”字来体现的。“望”字本身便属于一种对远距离的描述。“望庐山瀑布”若改为“看庐山瀑布”，则暗喻着庐山瀑布与作者、读者之间的距离是相对“近”的。由此一来，后两句“飞流直下三千尺，疑是银河落九天”的壮阔气象便无处立足。唯有将庐山瀑布置于远景之中，遥遥观望其全貌，这种壮阔才能最终体现出来。所以，此句中着一“望”字，便暗示出月亮相对于地面上的人来说是“远”的。这与第一、二句传达的意思是一致的。

然而，月亮与诗人之间形成的“远距离”，因着诗人内心情感的变化，最终转化为一种“近”态。也就是说，物理距离随着心理距离的拉近而转变。从这一句起，整首诗由前两句的直接叙述转为一种抒情。

第四句，“低头思故乡”。对此，读者不禁要问：这看似平铺直叙、众人一看即懂的一句，缘何成为千古佳句？只在于其通俗易懂乎？再者，中国古典诗词不是以“含蓄”取胜吗？如此直抒胸臆实在算不上一流佳句。

然而，这一句的好意应了木心在评价《红楼梦》诗词中的一句：《红楼梦》中的诗，如水草。取出水，即不好。放在水中，好看。

单看此句“低头思故乡”，情感直白，似不好。但置于整首诗中，则再适切熨帖不过。

此句要与第三句结合来看，方知其妙。

第一、二句，“明月光”经与“地上霜”对比，便突出了月与人相距之“远”的特点。然而，在第三、四句中，这种“远”却因诗人主观情感的变化发生改变。“举头望明月”，尤言月亮虽然距离地上之人是“远”的，然尚可以眼观之；“低头思故乡”，一个“思”字则说明，故乡与诗人相距同样遥远，却是目不可及的，唯有在心底思念。这种“可望”（“明月”）与“不可望”（“故乡”）之间的对比，让天上月与诗人之间原本存在的“远”距离反而拉“近”了。只因对诗人而言，比天上月更为遥远的，更有望之不及的“故乡”。

归根结底，此诗中关于看似“无理”的“距离远近”之变，全因诗人心境之转变，即由“疑”至“思”的转变。这便是苏东坡所言“反常合道”之妙。

再一次强调的是，诗人的心境在“举头”与“低头”之间发生了巨大的转变：由前两句的“疑”转化为后两句之“思”。这种情绪的转变，是诗人见到眼前之景有感而发所致，属于“临时性”的“情随境生”。

虽然月亮距离诗人的“远”与“近”是因诗人的心境转变而变化的，但《静夜思》一诗中的“望月”行为并非诗人事先安排，全然是一种“突发性”情境所致。唯有以这种“突发性”为前提，对此诗情感“随意性”“临时性”的艺术赏析才有意义。换句话说，所谓的“意境”，是主观情感与客观事物之间的融合与统一，你中有我，我中有你，而非一方压倒另一方。

李白非常善于在诗中表达这种“随意性”“临时性”的感情，如：“谁家玉笛暗飞声，散入春风满洛城。此夜曲中闻折柳，何人不起故园情。”诗人力图向读者表明，此中“故园情”并非其有意为之，而是在万籁俱寂的夜晚，因听到远处隐隐约约传来的折柳曲而“临时起意”的。

此一首《静夜思》，作为篇幅极为有限的五言绝句，李白仍然借两种情绪之间的转变，保证了作品整体意脉的动态起伏。同时，借一巧妙的远取譬，以月光的清冷烘托出整首诗意境的清幽。在物理位置不变的前提下，借“月”与诗人之间距离由“远”及“近”的变化，细腻而精微地传递出诗人真实的心境转变历程。

点 评

《静夜思》的高妙，在灵光乍现，在浑然天成，如有神力相助。此即作者谓之“随意性”“临时性”“突发性”。“三性”合为“一性”，即“灵性”。能解灵性者，自是灵性人。然李白“临时起意”的背后，或曰灵性激荡的瞬间，实则是一种“集体无意识”的涌动。举头低头的瞬间反应，望月思乡的天然联结，乃是民族文化沉淀流布所致。灵性与文化性，在诗仙身上是合一的。故此，《静夜思》的教学，当在灵性与文化性的合一上着力。望月即思乡，于学生而言需要刻意，于文化而言则是再自然不过之事。

莫道无语　其声如雷

——杨万里《小池》解读（统编语文一下）

小　池

（宋）杨万里

泉眼无声惜细流，树阴照水爱晴柔。
小荷才露尖尖角，早有蜻蜓立上头。

就中国古典诗词而言，“诗眼”常常起到纲举目张之用，也为古诗鉴赏指明了方向。在整首诗中，对于“诗眼”的发现，要求读者既具备一定的古诗文鉴赏力，又在赏析古诗词作品时始终保持艺术审美的自觉。

这首诗的诗眼，为诗题中的一个“小”字。所谓“小”，并非限于物理形态上的“小”，其更包含声音之轻灵、意境之雅致。因有这个“小”字，整首诗的特点显得清新淡雅、玲珑别致。若以“美人”作比，将此诗喻为“小家碧玉”实不为过。

第一句，“泉眼无声惜细流”。此句无一字不识，然而要体会其中的“清新”“玲珑”之意趣却非易事。“泉眼无声”四字中，大有文章。汩汩泉水由泉眼流出，何以“无声”呢？有读者会说，泉眼之所以“无声”，后文已作出解释：因为泉眼“惜细流”。也就是说，因为泉眼对泉水的“怜惜”，所以它才如人之有情一般，不忍发出声响，唯恐惊动了这一股清泉。因此，有的读者仍将此处冠以“拟人”修辞格之名。

此类所谓“诗意的解读”，不过是对诗句作字面上的机械演绎。逻辑学中的演绎法，不过是从“已知”到“已知”，并不能从“已知”达到“未知”。也就是说，用演绎法是不能得到新知识的。很显然，演绎法对此诗的解读是无效的。

泉眼的“有情”，实则通过“无声”二字体现。仔细揣摩诗句不难发现，这句诗中隐藏着一个“别有趣味的常识性错误”。诗人通过“泉眼无声”四字，似乎是在向读者表明，泉眼平时是“有声”的，在此诗句情境下，它才处于“无声”。或者可以这样理解：作为一种物理存在，“泉眼”本来便是“无声”的，“泉眼无声”这个客观事实是无须特别指明的。诗人云“泉眼无声”，看似多此一举，实则是一种匠心。

诗人以“泉眼无声”四字入诗，暗中将“泉眼”有情化了。这比机械地用“拟人”来概括此句艺术精妙更为契合。只有解读到这一层，后半句中由“惜”字流露出的“泉眼”之“有情有义”这一情趣，才最终落到实处。也就是说，此句所谓的“拟人化”才有了源头——因为“怜惜”，所以“平时有声”的泉眼此时“无声”地沉默了。唯有赏析到了这一层，这句话表露出的“万物有情”之趣才显得动人。

关于“无声”之说，实属中国文学的一种特有审美现象，读者不可忽略。例如，柳三变《八声甘州》词云：“唯有长江水，无语东流。”可谓佳句。读到此句，读者不禁要问：滚滚长江东逝水，怎么会“无语”呢?

对于这种语言现象，清代词论家贺裳在评价李益诗时称之“无理而妙”。也就是说，诗人往往故意说出不合常理之事，用以推进感情。“唯有长江水，无语东流”一句，盖江声愈喧，游子悲秋之意愈切。

无独有偶，王实甫《西厢记》里也有此类“无理”之句：“花落水流红。闲愁万种。无语怨东风。”同样借东风之“无语”，道尽伤春之思。这种中国文学特有的“无语”“无声”美学，西方人理解起来是十分困难的。英语中表达“无语”之意，唯有“silent”“quite”这类词，然它们所表达的都是物理意义上的“没有声音”之意，与中国古典诗歌中“无语”“无声”胜有声的意境有天壤之别。所以禅宗常言，“莫道无语，其声如雷”。

前文提到，《小池》之“诗眼”在于“小”字，其妙渗透全诗各处。

第一句中“泉眼”之“眼”，作“小洞”解。“眼”与“洞”在形态上是有区别的，“洞”有大小之分，唯有“细小”之洞称为“眼”。加之句首冠以“无声”二字，此句整体意境呈现出的清宁之趣更进一层。“细流”之“细”，不消说，不是“奔流到海不复回”的惊涛骇浪，而是“小桥流水人家”的渐行渐远渐无声。

第二句，“树阴照水爱晴柔”。此句同样无一难字，可谓“句意平远，不尚难字，而自然过人”。对于此句，实不必逐字解析，应当作整体把握。孙绍振老师言，“分析不是解读作品的唯一法门”。这启发我们，须在整体感悟作品的基础上解读作品。

“树阴照水爱晴柔”一句虽明白晓畅，但要想品味出句子中“小”而“玲珑”之意趣，须对其意境作深入探究。此句诗中之“小”，是通过光影之间的明暗对比及空间的错位来实现的。“晴”字点明了气候。时值晴天，天地曝露于日光之下。东坡有诗，“水光潋滟晴方好”，就是这样一种景致，整片阳光布于水面上，波光粼粼。因而，整句诗呈现出的气象是打开的，视野是宽敞的。为了凸显“小”字，诗人在视觉上作了艺术处理：他将“树阴”剪辑入画，让原本全景式的画面聚焦在一个小景框中，视线压缩了，细节便凸显出来。

因了“树阴照水”，这句诗的画面便产生了“曲折”与“层叠”的艺术效果。灿烂的日光之下，阳光穿过嫩叶间的缝隙，投射到缓缓流淌的清泉之上，碎金子般闪烁，柔风吹来，树叶的影子在清泉上影影绰绰。摇曳的绿色与流淌的金色，交相辉映。

此句诗营造出的境界是明净的，是不惹尘埃的。若非诗人拥有一颗同样安宁的心，何能体察出如此细微处的妙意？显然，此句之“小”，已然由物理意义之“大小”上升到精神境界之“精微（小）”。诗句由这种“微小”呈现出一种万物存乎其间、物与我同游之“博大”。

绝句与律诗因篇幅的差异，诗人借以传达的感情也是有区别的。绝句四句应“起承转合”之格，承载的是诗人“瞬间的”“刹那的”感受。这种即刻的感受，通常是由第三句“转”出来的。

律诗蕴含的感情，相较于绝句要显得浑厚浓郁。律诗中的感情有铺垫与递进的过程。这就是杜甫堪称“史诗”的“三吏三别”均由律诗而非绝句写就的原因。

绝句第三句为“转”句，通常表现为：前两句“写景”，第三句“转”为“抒情”。然而，仍有另一种呈现方式，即第三句与第四句互为“流水句”，共同承担体现句子意义的重任。也就是说，第三句不单独承担“转折”的任务，而是与第四句共同完成整首诗的“转合”任务。“小荷才露尖尖角，早有蜻蜓立上头。”此二句便互为“流水句”。

所谓“流水句”，即两句的意思不可单独来解，而是“你中有我，我中有你”，合为一种景观。那么，这两句诗又是如何共同体现“小”字之趣呢？

“小荷”，字面上即缀以“小”字。自古描写荷花的诗句数不胜数，“接天莲叶无穷碧，映日荷花别样红”“荷叶罗裙一色裁，芙蓉向脸两边开”……然而，这类诗句长于对荷花盛放之态的描述，均无“小巧”之意。

此句着一“小”字，“小巧玲珑”意境全出，一丝不走。“尖尖角”三字中，“尖”即“末端细小”之意，若非诗人气定神闲地入微观察，如何能将莲瓣之“尖角”绘制得如此精细。至此，前三句皆为景色铺陈，若第四句再续写下去，不免单调。诗人此时巧妙地引入“蜻蜓”这一意象，成为整幅画卷的点睛之笔。蜻蜓，表现出轻盈、小巧、振翅无声这类特点。如果说前三句皆为“静态”之趣，“蜻蜓”的出现无疑象征着生命的活力。

至此，《小池》一诗中蕴含的“清新淡雅，玲珑别致”（“小”）之趣才算有层次地提炼出来。王静安语：“不知一切景语，皆情语也。”杨公此诗所言何情，终须留待读者寻觅。

只因读到的一切诗文，不过是读出我们自己罢了。

点 评

人心惟危，道心惟微。杨万里以道心为诗，始有《小池》意境的精微玲珑。作者以道心解诗，始有“莫道无语，其声如雷”的感悟。于无声处听惊雷，试问君家识得否？如作者所言，“有情化”乃是此诗之秘妙。天地实则一“大有情”，如此，泉眼的“无声”之惜，树荫的“晴柔”之爱，才合于天地之道。如何唤醒学生的道心呢？“蜻蜓”最为学生所爱，试问之：谁把蜻蜓吸引过来？是泉眼无声的宁静，是树荫照水的晴柔，是小荷新生的玲珑，还是……

因“惜”而“喜”？因“惜”而“伤”？

——孟浩然《春晓》解读（统编语文一下）

春　晓

（唐）孟浩然

春眠不觉晓，处处闻啼鸟。
夜来风雨声，花落知多少。

在中国传统文学创作中，经历代诗家墨客的奉献与积淀，形成了相对固定的“文化传统主题”。虽然偶有力求对这类传统主题创新与突破之作，然而其“母题”地位依然是相对稳固的，并影响历代诗人的创作思路。“惜春”主题便是这类“文化传统主题”之一。

中国诗词历来便有“惜春”之传统。“惜”者，在《说文解字》中释义为：“痛也。从心，昔声。”由“痛”一字，便足见“惜”字所含的感情基调。“惜春”主题在文学作品中常体现为：因了春光易逝之故，作者由眼前春光之明媚，感叹光阴之不可追。

值得注意的是，这类作品在抒发“惜春”之情时，常以“落花”为吟咏对象。如：“流水落花春去也，天上人间。”“留春春不住，春归人寂寞。厌风风不定，风起花萧索。”“最是人间留不住，朱颜辞镜花辞树”……“惜春”主题艺术脉络的延伸，便繁衍出“伤春”这一新主题。究其本质，二者在艺术情感上实则一脉相承。因“惜”易逝之春花，却又无力留住春，便徒增“伤春”之叹。

即便是在小说创作中，也不乏借“落花”抒发“惜春”“伤春”之情的例子。《红楼梦》中林黛玉所吟的《葬花吟》，便将“惜春”至“伤春”的情感走向表现得淋漓尽致。

《春晓》一诗，作为“惜春”之代表，流传千古。将其归类于“惜春”主题下，在众诗词评论家中几乎达成共识。然而，读者对“惜春”与“伤春”两个主题之间的传承性却多有忽略。

如对《春晓》一诗，多为此类评价：第一种，“这是一首惜春的诗……抒发了对烂漫春光的喜爱”[1]。第二种，“这是一首惜春诗……表达了作者对美好春天的喜爱以及对春天易逝的惋惜之情”[2]。

两类赏析都确定了《春晓》所属“惜春”这一传统主题，却忽略了在“惜春”主题下衍生出的“伤春”这一情绪。读者在被“概念”遮蔽的状态下，呈现出赏析具体作品时的某种敷衍性。

上述赏析中，第二种将该诗主题置于“对美好春天的喜爱”与“对春天易逝的惋惜”的双重主题下，且各占半壁江山、平分秋色。相比之下，第一种赏析便有前后言矛盾之嫌：它首先确定了《春晓》一诗为“惜春”主题，然而在分析中却将落脚点置于“对烂漫春光的喜爱”这一单一情绪状态下。也就是说，这种赏析将“惜春”主题下最重要的“伤春”“惋惜”之情全然忽略掉了。不得不说，这是对整首诗乃至对“惜春”主题解读的失误。这种前后不一的赏析，直接反映出的是对“惜春”主题仅停留在概念上的臣服，赏析者并未真正理解“惜春”与“伤春”一脉相承的情感关系。

举此二例，实则望读者在赏析作品时切记留心，勿要不假思索、生搬硬套概念与理论。否则，不敢说“滑天下之大稽”，在诗词鉴赏中落下笑柄确

[1] 张凌翔解译：《千家诗全鉴典藏版》，中国纺织出版社 2017 年版，第 2 页。

[2] 李定广译注：《中国诗词名篇赏析》，中国出版集团 2018 年版，第 88 页。

是不可避免的。从作学问这件事上说，不怕“各执一词”，就怕未经严谨地考证与严密地思索就作出主观臆测或武断结论。

其实，若论“惜春”主题下包含了作者对春光的“喜爱”情绪，也是有道理的。若非“喜爱”，何来“怜惜”呢？然而，“惜春”主题的终极指向却是“伤春”这一情感归宿。也就是说，“惜春”主题下的“喜春”与“伤春”之间是一种辩证关系。“喜春”是“伤春”的前提，“伤春”是“喜春”的最终呈现方式。然而，二者在“惜春”中的比重是有主次之分的。对古典诗词研究有所涉猎的读者知道，绝句往往表达的是诗人“瞬时”“刹那”的感情。试问：这种时间上的短暂性，如何能承载“双重”甚至“多重”的感情呢？

通常情况下，“惜春”诗中的“喜春”情绪多是被隐去的，需要经过读者对文本的推敲、分析才能找出些许蛛丝马迹以确证。“伤春”这一情感则是“惜春诗”永恒不变的主旋律。

《春晓》一诗，因其语言风格的明白晓畅、通俗易懂，多被人读出“喜春”之意。加之题为“春晓”，俗云：“一年之计在于春，一天之计在于晨”，“春晓”二者皆占了，情感基调无疑是“清丽”的。殊不知，这种字面上的“轻快”，实则隐含着诗人深重的“伤春”之叹。

这首诗因了“春晓”之题，以及前两句，其意境对“伤春”这一情感具有某种遮蔽性。这种遮蔽性则是读者对此诗作出“抒发了对烂漫春光的喜爱”评判的原因。殊不知，此诗真正要抒写的是对春光流逝的感叹与惋惜。

第一句，“春眠不觉晓”，道出了时间，也交代了诗人此时的状态。在一个春日的清晨，诗人刚从梦中醒来。此句看似起得平平，然而好的诗首句必是这般。《红楼梦》里“芦雪广争联即景诗　暖箱坞创制春灯谜”一回，诗社里作诗，王熙凤起了头句，道是：“一夜北风紧。”众人道：“这句虽粗，不见底下的，这正是会作诗的起法。不但好，而且留了多少地步与后人。”可见，好诗的第一句是不必风光尽露的。

第二句，“处处闻啼鸟”，此句出现了声音。“处处”，由言啼声之多与闹，很容易勾起对“鸟语花香”一词的联想，春日清晨的清朗与生机之感跃然纸上。而且，此句与第一联结合起来，便透露出另一层重要信息，即春天的早晨是“不着风雨”、清朗惬意的，到处都是鸟儿们的鸣啼之声，一派生机盎然。这种春光馥郁的意境，其语境色彩是极为强烈的。至此，此二句诗的意境便与“春晓”二字中蕴含的“勃勃生机”之境和谐统一起来。

若第三句依旧承接“春光馥郁”之意脉，此诗最多算一首寻常的“咏春”之作。孟浩然的诗情与才华则在第三、四句方见功力。

绝句第三句为“转”句。此诗从“转”句起，实现了多重转折。

第一层转折是时间上的，由当下的时间转为“昨夜”。时间的转移，让整首诗的叙述节奏发生了变化。这种叙述形式，与散文作品中的倒叙手法颇为相似。

杜子美的《春夜喜雨》一诗，同样出现了对“昨今”两日时间跨度之描写：“好雨知时节，当春乃发生。随风潜入夜，润物细无声。野径云俱黑，江船火独明。晓看红湿处，花重锦官城。”将《春晓》与《春夜喜雨》对比读，便不难发现，两者同样有时间跨度。然而，《春夜喜雨》遵循的是由“昨”及“今”的时间逻辑顺序，即由“随风潜入夜”（“昨”）写到“晓看红湿处”（“今”）。孟浩然在时间转换上却作了艺术性的创新，由“今”（“春晓”）折回一笔写到“昨”（“夜来”）。这种转折在时间逻辑上说是反向的，注定会产生鲜明的艺术效果。

第二层转折是语气上的。前三句皆为陈述句，然而第四句，即“花落知多少”一句，实则在抒发诗人强烈的感叹之情。若此句冠以今日白话文的标点，必将以“花落知多少！”呈现。译为白话文为：“在这一夜的风雨飘摇之间，不知曾有多少花朵随之零落啊！”有读者或许会说，这不过是我一厢臆测。对此，我不禁求教：若将“花落知多少”一句作陈述句解，敢问此句中的“知”字又该作何解？也就是说，但凡读者将“花落知多少”一句中的“知”字作“不知”之义解，则说明其潜意识里已认可该句实则为“感叹之句”了。这是不辩自明的。

第三层转折是隐性的、意脉上的突转。前两句营造的意境是“清丽明朗”，我们用“风和日丽”一词来形容亦不为过。然而，读者需要意识到的是，这并非此诗的真正意境，而是一种“假象”。据前“惜春”主题的分析，我们不难判定，此诗真正的意境，即诗人真正要借以抒发的，是由第三句“转折”之句起营造出来的“风雨之境”。

“花落知多少”尤言落花的数量之多，暗示昨夜风雨之浩大。其势之大，由“多少”二字可知。“多少”实则与第二句“处处”相照应，二者都表现数量之多、程度之深：“处处”形容众多鸟声之喧；“多少”则形容落花数量之多。整首诗实则借“处处”鸟声的生机勃勃之境，反衬出“落花满地”的凄零之感。

“夜来风雨声，花落知多少”，营造出一种风雨飘摇下，满地落花的凄零氛围，大有纳兰性德笔下“一夜花狼藉”之意。此二句诗共同完成全诗意脉的转折，即由“清朗之境”转为“风雨之境”。

可见，相较其余绝句，《春晓》在意境的营造上具有独特之处。一般情况下，绝句在内容与结构上呈现出两种模式：其一，前二句的写景只为后二句抒情作铺垫，整首诗的情感落在第三、四句上，具有唯一性。其二，全篇四句皆为写景，组成统一意境，其情感也是唯一的。如杜甫的《绝句》：“两个黄鹂鸣翠柳，一行白鹭上青天。窗含西岭千秋雪，门泊东吴万里船。”四句诗所述画面统一于完整意境之中。

然而，与以上两种情况不同的是，《春晓》这一绝句呈现出一种全然不同的风貌，营造出两种不同的意境。而且，作者对两种意境在用笔力度上是均等的。这就为读者敏锐而精准地分离出主题提高了难度。

若就西方的读者中心论而言，一千个读者眼中便有一千个哈姆雷特，对此诗出现不同解读似乎是合理的。然而，读者只消用“惜春”这一传统主题来品读《春晓》一诗便不难发现，诗人之所以在这样一个风和日丽的春日早晨仍念念不忘昨夜的风雨交加，并为满地狼藉的落英发出感喟，其中隐藏的实则是一份强烈的伤春之感。这才是诗人创作的动机所在。第一、二句透露出的那一丝“喜春”之意，对于整个作品而言，是对后两句的造势与铺垫。这种创作情感在《春晓》一诗中，是处于次要地位的。

点 评

胸中有丘壑，笔下生云烟。作者起笔之所以畅言“惜春”而“伤春”的诗家传统，非为食古不化，实乃针砭时弊。毕竟，人云亦云易，别具只眼难。《春晓》被时俗解读为一片喜气，且有唐诗新唱的欢快活泼，早已距伤感、伤情、伤怀的诗家本心相去云和月了。其实，要破这一遮蔽，也非难事。试问学生，通常而言，春日清晨，闻听鸟啼，会联想到什么呢？诸如：春色满园关不住、万紫千红总是春、千朵万朵压枝低、乱花渐欲迷人眼等，然诗人的联想却是“花落知多少”。细细咀嚼，这“知”里有惋惜，有无奈，有对如花美眷、似水流年的无限伤怀。

诗境即心境

——李白《夜宿山寺》解读（统编语文二上）

夜宿山寺

（唐）李白

危楼高百尺，手可摘星辰。
不敢高声语，恐惊天上人。

提到中国诗歌，盛唐是一个绕不开的鼎盛时期。提到盛唐诗人，李白必然是众多星星中最璀璨的那一颗。杜子美诗："李白斗酒诗百篇，长安市上酒家眠。天子呼来不上船，自称臣是酒中仙。"由子美这首七绝我们至少可以读出两个李白：饮酒赋诗有之、自命不凡有之。其洒脱风流，真可谓"放浪形骸之外"。大凡有才气之人，其精神世界皆有对超凡脱俗生命境界的永恒追寻。

李白的不凡与飘然物外，化作其诗中的一种"气"。明代王世贞在《艺苑卮言》中曾以"以气为主，以自然为宗"概括李白诗歌的全貌。这种"气"，是一种超然物外的"仙气"。朝中名士贺知章读罢其诗，遂以"谪仙人"喻之，足见其才气脱俗、气象峥嵘。

以"妇孺皆知"概括太白之诗，必不为过。三岁小儿初学诗作，无人不知"床前明月光，疑是地上霜"之句。太白诗篇目繁多，今存李白集，诗约千首。日本学者松浦友久在《李白——诗歌及其内在心象》一书中提到，李白的众多诗作中，以月亮为主题的篇目占其全部作品的四分之一。虽说数据的精确性不得而知，但其诗中“月亮”这一意象的出现率之高却是人尽皆知的：“举头邀明月，对影成三人”“长安一片月，万户捣衣声”“只今唯有西江月，曾照吴王宫里人”……

不难发现，无论直抒胸臆，或是怀古论今，“月亮”似乎成为李白永恒不变的知己。然而，凡事皆非绝对，“合常”中自有“反常”。而且，艺术的独特风韵通常出自这种“反常”之作。

同样是写“夜”色，《夜宿山寺》中，李白却“意外”地避免取“月亮”入诗。这对敏感的读者来说，实在是一种不可轻易放过的创作现象。甚至可以断言，解密了这一看似“反常”背后暗藏的“合常”，才能真正找到解读这首诗独特魅力的密匙。

第一句，“危楼高百尺”，只为体现“高”字。“危”者，“高”也。然而李白似乎唯恐对这种“高”的表现力度不够，后半句仍用“高百尺”加以强调。注意，诗歌中凡出现的数量词，皆不可作实解。闻一多说，“绝对的现实主义便是艺术的破产”。这便是说，诗人笔下出现的一切意象，都不是绝对客观存在的，均被打上了主观的烙印。“天台四万八千丈，对此欲倒东南倾”，是为表现天姥山的雄奇壮丽，其中“四万八千”并非精确的高度；“白发三千丈，缘愁似个长”，更不是说头发有“三千丈”那么长，而是为绵绵无绝期的愁绪作夸张之语……此类夸张的用语手法，在诗中是常见的。经艺术手法加工后的意象，可为诗歌的艺术生命注入更多活力。

可见，此句中的“高百尺”一处亦非对物理数据的实指，只为形容楼之“高”这一特点而作。值得一提的是，此处的“危楼”被诗人涂上一抹“李白式”的“仙气”。古诗中写楼之“高”的诗篇并非少数，“欲穷千里目，更上一层楼”“吴楚东南坼，乾坤日月浮”……然诗人笔下这些楼，高则高矣，却少了李白笔下萦绕高楼之上的“仙气”。

结合诗题，“山寺”二字指明此楼所在之地点，它不在繁华闹市之间，而属于远离俗尘的深山古寺。“寺”这一意象，在中国文化里蕴含了“出世”“幽远”的情感色彩。这是在中国禅宗文化的影响下表现出的一种集体无意识。

值得一提的是，古诗多靠意象群落的组合来营造特定的意境。“意境”的塑造不在于“意象”之多，而在于“意象”之精。此一“精”，当作“精练”“精妙”解。李白此首五绝，所描绘的意象是十分有限的，为读者所见的有“危楼”“星辰”两处。殊不知，题目“夜宿山寺”中的“寺”，也属于该诗意象群的组成部分。而且，“寺”这一意象对全诗意境起到笼罩作用。可惜的是，此处却常为读者所忽略。

“寺”这一意象奠定了整首诗飘然物外的“出世”基调。然而，这种统领性颇为隐蔽。唯有借助后面诗句抒发的情感，才能将“出世”与“仙气”之境营造出来。也就是说，这首诗在意境上呈现出的“出世”之感，是以“寺”这一意象为基点的。没有“寺”对全诗的支撑，四句诗所抒之情便无立足之处。

“危楼高百尺”一句的着力点在“高”字上。“高”字的喻义包含两个方面：既为客观所指，即言物理高度；亦为因远离繁华闹市之后，诗人心境之“高远”“悠远”。

第二句，“手可摘星辰”，承接第一句之意，仍在写“高”这一特点。此句在艺术表现手法上更为细致、精妙，由第一句对“危楼”外在形态的直接描述，转为从诗人个人体验处着笔。此楼究竟高几许？竟高至“手可摘星辰”。值得注意的是，此句在交代楼之“高”的基础上，透露出第二层信息：尤言此时是在“夜晚”。

上文提到，在李白诸多以“夜色”为背景的诗作中，“月亮”是其常见的吟咏对象。然而，同样是以“夜色”为创作背景，他在《夜宿山寺》中选择的意象却是“星辰”。究其缘由，盖作为文学意象的“明月”与“星辰”在艺术审美的表现上有着本质区别。

就数量而言，天上“明月”只此一轮，具有唯一性。因了这种“唯一性”，落到诗人具体的行为动作上来，便具有了“目的性”与“方向性”。举例说明，李白有诗云“举手可近月”，而“月亮”在数量上的“唯一性”决定了诗人“举手近月”这一动作的目的性及方向性，其呈现出的情感色彩是强烈的、兴奋的。

与“月亮”的“唯一性”相比，“星辰”呈现出另一番特点：繁星众多，是“群体性”概念。这在客观上决定“摘”（星辰）这一动作的“随意性”及“不确定性”。若将这种“随意性”还原至全诗营造的“出世”“清幽”的整体意境中不难发现，诗人借“摘星”这一动作的“随意性”勾勒出一种出世洒脱的闲适姿态。

为了突出这种“出世洒脱”，李白有意选取“摘”字，也让我们联想到与之相应的“花”。“摘”字蕴含的感情是“纤细”的。古诗词中不乏其例：“影照摘花花似面”“唤起玉人，不管清寒与攀摘”“摘花销恨旧风流”。“摘”这一动作，无疑是轻微的，其感情色彩是素净的、不强烈的。

同样是李白诗句，“俱怀逸兴壮思飞，欲上青天揽明月”，一个“揽”字，只为突出一腔豪情壮志。若改为“欲上青天摘明月”，其力量感明显被削弱，在艺术效果上则表现为气势上的锐减。可见，同一个诗人在表达不同的情感需要时，选择单字时是十分讲究的。前两句诗在诗题“夜宿山寺”的统领下，基本营造出“出世”“幽远”的艺术氛围。李白其余诗歌里那种极端的、极富冲击力的感情，如“君不见黄河之水天上来”“明朝散发弄扁舟”，则在这首诗“出世”“幽远”的意境中归于平静。

绝句与律诗最大的区别在于，因其篇幅短小，往往表现出诗人瞬时、刹那的感情。而且，对这种感情的抒发往往由“起承转合”之“转”句来完成。而“转”句之“转（折）”，又有结构、句式、内容上等多种情形之分。

具体来看这首诗，李白是如何通过“转”句来抒情的。

此诗“转”句，仍以“流水句”的形式来表现。即第三、四句在内容上互为映照，要将“不敢高声语，恐惊天上人”两句要结合起来理解，不可割裂。

本诗第一、二句都为表现一个“高”字。殊不知，“高”字表达的不仅是物理高度，还隐含了“静”这一层意思。在远离繁华闹市的山寺里投宿，夜色中，诗人独自一人面对漫天星辰，这种情境是“静”的。而且，这种

“静”又分为两个层次，即环境上的“寂静”与诗人内心的“平静”。

“不敢高声语”为第三句，是“转折”之句。就句子形式而言，其“转”之意表现在，此诗由前两句的肯定句式，转为否定（“不敢”）。这就表现出绝句虽篇幅短小，然而其在形式上是灵活多变的这一特点。形式上的转折，实则为情感上的转变：由前两句的描写转为抒情。杨载在《诗法家数》中提到：“至如宛转变化功夫，全在第三句，若于此转变得好，则第四句如顺流之舟矣。”足见第三句的“转”对绝句的艺术成就起到至关重要的作用。

“不敢高声语”，其原因在于“恐惊天上人”。如果说此诗前两句只为表现“高”字，此二句则是围绕“静”字展开的。

试想，在繁华闹市中即使高声阔论，仍不至于让听者产生“惊”这一心理状态。唯有在极端的环境下，才能激发出听者情绪上的极端反应。唯有处于万籁俱寂、极端“寂静”的环境中突然“高声语”，才会让听者产生“惊”的状态。

可见，李白借主观感情（“不敢”）描绘出自己思想上的顾虑，暗中却营造出一种极端“寂静”的氛围。并且，借外部环境的“静”隐喻诗人内心世界的“静”。

然而，李白诗名之所以享誉盛唐，在于其诗作中无处不在的洒脱“仙气”。即使在《夜宿山寺》这首诗看似平静的行文中，他也不忘将骨子里的浪漫气息吐露一二。

“不敢高声语，恐惊天上人。”李白不敢以“高声语”惊动的对象，并非凡夫俗子，而是“天上人”，尤言天上所居之神仙。这表明，在他心里不屑与凡俗为伍，早已“超凡脱俗”，与天上神仙比邻而居。

李白受道教影响颇深，其思想上常呈现出某种宗教色彩。这种艺术风格在诗中多有显现。不可忽视的是，在这种宗教精神影响下的李白，对俗世的不屑、对精神世界更高层次的追逐是永恒不变的。通过这两句诗，李白告诉读者：此刻的他虽在人间山寺，却尤似在天上，因为只消高声言语，便能惊扰天上仙客。

由此可见，对《夜宿山寺》一诗的解读，若仅停留在诗人“丰富的想象”这一点上，不免空洞。究其根本，此种分析是不能落地的。

诗人笔下之景，皆只为抒一己之情。我国古典诗论中有“形质俱变”之说。尤言文学作品中的景物、意象，都是经由作者主观加工后的特殊意象。李白在《夜宿山寺》一诗中，借“寺”这一意象，奠定全诗“出世”的情感基调。将“危楼”“星辰”等意象加以组合，为“出世”的意境增添“幽静”的效果。又从第三句开始转折，将“幽静”的效果推向高潮，并借“天上人”为这种“幽静”注入一丝“仙气”。

值得一提的是，面对诗中远离俗尘的“幽静”，无心人体会到的自是客观意义上的“安静”，唯有心人方知此环境之“静”实则诗人心境之“静”矣。

点 评

短短20字的一首绝句，作者由“高”论起，由“静”作结，而“仙气”萦绕其间，可谓深得青莲诗之三昧。“高”者，诉诸视觉；“静”者，诉诸听觉。而视觉听觉，皆由太白“出世”的心境溢出。故作者断言，“高”不仅外显于物理之环境，亦内隐于精神之心境，所谓“心远地自偏”是也。同理，“静”不仅表现为客观之音声，亦折射出主观之心声，所谓“夜深静卧百虫绝”是也。然“高”与“静”，绝非二境，实为一境，即诗人出世之心境。诚如作者所言，“山寺”这一意象，奠定了“出世”这一基调。依出世基调，即可引导学生想象，“天上人”会是哪些人呢？李白自己会不会也是“天上人”呢？

“别样”的送别 “无穷”的离愁

——杨万里《晓出净慈寺送林子方》解读（统编语文二下）

晓出净慈寺送林子方

（宋）杨万里

毕竟西湖六月中，风光不与四时同。
接天莲叶无穷碧，映日荷花别样红。

在传统文学领域，经历代诗词文化之筛选与沉淀，中国诗词留下诸多相对稳定的传统主题，如前文解读《春晓》一诗已作探讨的“惜春”“伤春”主题。此文以杨诚斋《晓出净慈寺送林子方》二首为例，就中国诗词“送别”主题试作微探。

不难发现，相对成熟的传统主题，在意象的选择上均具有此类主题的“代表意象”。如果说“惜春”诗有“落花”作为其代表意象，那么“送别”诗同样也有其代表性意象，常见的有柳、酒、长亭等。如：“柳条折尽花飞尽，借问行人归不归”“劝君更尽一杯酒，西出阳关无故人”“长亭晚送，都似绿窗前日梦”……

杨诚斋这首《晓出净慈寺送林子方》，由诗题观之，不难判断当属“送别诗”之列。然而，在众多送别诗中，此诗却显得“别具一格”。

无论从意象的选择或是整体意境的营造来看，此诗与其他的“送别诗”

相较显得独具特色。

首先，其回避了对“柳”“酒”“长亭”这类送别诗的传统意象，以开得正艳的荷花入题。其次，就整首诗营造的意境而言，此诗是全然打开的，一派潋滟之象。整首诗蕴含的情绪是向上的、强烈的，大有不容离愁别绪入境之势。

对此特殊现象，有读者会作如此理解：千人千面，杨公偏为豪迈之人，最不喜在离别之际作儿女之态，有何不可？这般豁达之人，在送别友人之际仍“欢乐喜悦”，何怪之有？

笔者且不对此类猜想妄加评判。读者只需将此诗还原到“完整”语境中，便知此类豁达之说实难服众。

试问，人非草木，孰能无情？纵便以“谪仙人”自居的李太白，在与人离别之刻，尚有“桃花潭水深千尺，不及汪伦送我情”之叹，实难想见这世间真的有绝对“乐观”之人，告别友人时能云淡风轻、不起波澜。

窃以为，生而为人，但凡是送别惺惺相惜之人，纵然素有一腔豪情，“离别”之际也不至于如杨公此诗笔下这般“轻松喜悦”。

值得一提的是，在众多送别诗中，有一名句所传递的作者感情，也与送别诗传统的愁恨之情有别，即高适之《别董大二首》内中两句：“莫愁前路无知己，天下谁人不识君。”与众送别诗对比可知，此二句读来顿觉利爽豪迈。殊不知，此二句前仍有“千里黄云白日曛，北风吹雁雪纷纷”。千里黄云，遮蔽晴日，北风吹卷，大雪纷然，孤雁单飞。“莫愁”二句的豁达，还原到四句诗的整体意境下，才知后两句的豁达，实则离别愁绪下不得已的“振作”。也就是说，与友人的分别是既定事实，是无法改变与挽留的，唯有化消极悲伤为积极鼓舞，才可减少与友人离别之际的愁苦，言“莫愁”实则只为心中已有“愁”。

可见，高适在“莫愁”两句中表达出的“豁达潇洒”实则为一种“不得已”。“千里黄云白日曛，北风吹雁雪纷纷”二句蕴藏的感情，才是高适在送别友人时内心的真实写照。

这样一解，《晓出净慈寺送林子方》一诗，在众送别诗中便更显“不同”。

此诗的意境全然热烈，红绿对比造成强烈的视觉冲击，荷叶、荷花倾吐出无限生命力，让离愁别绪这类消极情绪很难入诗。然而，若我们读此诗，能如解高适《别董大二首》一诗之法，即将“个体”还原到“整体”中，必将顿觉柳暗花明、豁然开朗。

《晓出净慈寺送林子方》实则一题下凡二首，教材所选实则为其中之一，更有“其一”为人忽视。也就是说，“毕竟西湖六月中”一首实为《晓出净慈寺送林子方》一诗中的一部分。故杨公作此诗时所抒之意，因这种“断章取义”而被曲解或遮蔽。

且看“其一”：

晓出净慈寺送林子方（其一）

（宋）杨万里

出得西湖月尚残，荷花荡里柳行间。
红香世界清凉国，行了南山却北山。

与“毕竟西湖六月中”（后文均略为“毕竟”一首，不再注明）一首相较，此篇意境朦胧，用词质朴，更无名句佳词，似一种平铺直叙。如果说“毕竟”一首的风格是艳丽的，此首则为清淡。

两种艺术效果之间形成强烈反差，究其缘由，凡有以下几点：首先，在时间描述上，“毕竟”诗描写的是日出之后，万物生辉之时，给人一种光明感；“其一”诗仍为“残月”之时所作，画面清幽。其次，在对意境的营造上，“毕竟”诗通过一幅欣欣向荣的荷花图，借以红绿相称下强烈的视觉冲击，营造出的意境是热烈的、向上的；“其一”诗对意境的营造，并非借助“荷叶、荷花”这类具体的、块状的意象，而是注重对微妙的感觉——“清凉”的深化描述，决定其在感情色彩上淡雅的特质。

然而，读者断不可忽视一个关键性的问题，即虽然“其一”诗在意境上不及“毕竟”诗夺目，却为诗题中“别”字的落脚处。也就是说，“送别之情”实则是借“其一”诗抒发的。

第一句，“出得西湖月尚残”，不禁让我们联想到三变词：“今宵酒醒何处，杨柳岸晓风残月。”“月”有阴晴圆缺，然以“残”字饰之，便道尽离愁别苦。此一“残月”，实则为诗人因与友人分别所致的满腔离情的物象化。

第二句，“荷花荡里柳行间”，敏感的读者定不肯放过此句中之“柳”字。诸君读到此处，不可不感叹杨公“毕竟”为有情众生，面对友人的别离，岂能毫无忧郁之感！他仍不可完全冲破“送别诗”之情感传统而独树一帜。此处实在无须多言离别时的愁与恨。一个“柳”字，因了中国诗歌“传统送别主题”的统照，便足以在诗人与读者之间架起一座心照不宣的默契之桥。

第三句，“红香世界清凉国”。结合整首诗来看，此“清凉”与前两句所述情景是融合统一的。即在天尚未大亮、残月犹存时，漫步荷花池边，感觉“清凉”不足为奇，而且情有可原。然而，若读者仅作体感解，便辜负了杨诚斋的良苦用心。此句之“清凉”二字，更与“更那堪，冷落清秋节”之清冷之意相契。换言之，“清凉”看似体感之意，实则为诗人内心“清冷”之写照。

第四句，“行了南山却北山”，依依不舍之情实乃动人。送别朋友的路有尽头，然仍然渴望此路能“绵绵无绝期”。这种无奈之情，在“送别诗”中不为鲜见。汉乐府中的“行行重行行，与君生别离”，李太白句的“长亭更短亭”，均与“行了南山却北山”互成相映之趣。

可见，在“其一”诗中，杨公将“晓出净慈寺送林子方”之“送”字借清幽之境表达出来。“出得西湖月尚残”之“月尚残”亦与诗题中“晓”字相合。可见，“其一”诗才是该诗题下伏笔之篇。

有人评张爱玲对文学的敏锐，道是：“我使尽武器，还不及她的只是素手。”虽然“其一”诗在感情色彩上是素淡的，远不及“毕竟”诗鲜艳浓郁，由此多为人忽略。殊不知，“其一”一首实为无声处之惊雷！

前面提到，要想弄明白“送别诗”题下的“毕竟”诗，言“送别”却全然不见“离别之意”的原因所在，非得将其还原至整体语境下，即与“其一”诗结合来读，方可结案。犹如“莫愁前路无知己，天下谁人不识君”，唯有与“千里黄云白日曛，北风吹雁雪纷纷”二句统观之，方可明了“莫愁”句之“豪情”所谓何来。

也就是说，唯有体会“其一”诗淡笔描绘出的离别之情，才会懂得“毕竟”诗之看似“喜悦”缘何而来。送别友人时，杨公这种“不合时宜”的“绝对化的豪迈”，实则如高适一般，是在离别已成事实的无奈中不得已的“转悲为喜”。因为“离别”无可更改，友人无法挽留，此时唯有将离愁别恨化作对朋友的深切祝福。

为了将“毕竟”诗的情绪从“其一”诗的离别愁绪中抽离出来，诗人极尽夸张、强烈之笔墨。

第一、二句，“毕竟西湖六月中，风光不与四时同”，所含情感极端“绝对”与“矛盾”。此二句意在表达的意思大约有二：其一，西湖的风光唯有在六月是最美的；其二，因为时处“六月”（夏季），故此时的西湖与别的季节风光有异。

对于第二种说法，不消思考便知，这是诗人多此一举的废话。第一种意思也有失偏颇。据资料显示，观赏西湖荷花的最佳时期实则七八月。关于此类说法，窃以为，论自然风光之美，哪有如此这般机械地以时间界定的。只要有心，残荷亦可得听雨之趣，何来独某月某日为“最美”之说呢?

可见，此二句是在诗人主观催化下，表现在诗句上的“反常”。结合全诗可知，诗人此处着意“强调”此时的西湖风光最为可观，实则为抒发自己此刻内心强烈而独特的感情。

第三、四句“接天莲叶无穷碧，映日荷花别样红”，常为人称道。此二句将这种“强烈”的、“绝对”的情感继续加以浓墨重彩。“接天”“映日”将荷叶、荷花与天宇相勾连，打破传统诗歌唯以“荷”“莲”为吟咏对象的格局，视野被无限放大，反映出情绪上的豁达。

“无穷”“别样”同为强调之意，尤言与素日的、别处的荷花和荷叶相比，唯有此时眼前的荷叶、荷花之“碧”与“红”是无可超越的。这种绝对化的感情，实则诗人有意为之：盖此时友人即将远行，诗人不愿将离别之愁延续下去，而着意为友人捎去一丝慰藉、一份向上的祝福。这份慰藉、这份祝福，唯有托眼前这池生命力旺盛的荷叶、荷花，代“我”为君送行。

点　评

“整体观照”与“还原矛盾”是作者解读此诗的两大绝招。“整体”之意，既在一诗之内，亦在一诗之外。此诗解读，若无“其一”诗参照，则“送别”之情全无着落。如作者所言，唯有懂得“其一”诗的离愁别绪，才会懂得“毕竟”诗貌似不合时宜的豪迈不群。同理，“毕竟”诗的貌似不合时宜，亦须在“送别”诗系这一更大整体中，才能显出矛盾来。既曰送别，焉能无愁？如此想来，不光作诗，读诗的功夫亦在诗外。就教学而言，则作者的两大绝招亦可化作学诗的两大支架。同系比较，可见出“其一”诗的“不合时宜”；引入“其一”诗，可破解“其一”诗的“不合时宜”。一旦明了离愁深藏，“接天莲叶无穷碧，映日荷花别样红”一句亦可作为最深情的挽留。

“柳”何以成为送别诗的经典意象？

——贺知章《咏柳》解读（统编语文二下）

咏　柳

（唐）贺知章

碧玉妆成一树高，万条垂下绿丝绦。
不知细叶谁裁出，二月春风似剪刀。

在中国古典诗词中，存在着一种意象文化，即某些事物已经超越其本身作为客观事物的事实性存在，有一种作为固定意象的特定艺术生命。

如“月亮”这一意象，在中国诗词中，是作为“思念”“团圆”的象征而存在的。这就注定该诗词的意境不可能是“热闹”“活泼”，必定是“沉静”“空灵”。也就是说，凡诗词中出现“月”，在该意象的既定艺术生命统照之下，整首作品的主题基调基本被确定下来。“露从今夜白，月是故乡明”“行宫见月伤心色，夜雨闻铃肠断声”“人生如梦，一顿还酹江月”……这是中国诗词特有的文化现象，并作为创作传统被固定下来。

此文试以贺知章《咏柳》一诗为例，探讨“柳树”在中国诗词中作为“送别诗”经典意象之缘由所在。

诗论家、诗词爱好者皆认可“柳”之所以成为送别诗的经典意象，源于

“柳”与“留”谐音一说。这确乎是一种可能性。然而，可以肯定的是，“谐音说”并非唯一的原因。对此，只需稍作思索，便可举出反证。

若唯以“谐音”之说而将“柳”作为送别诗的经典意象固定下来，读者不禁要问，“榴树”之“榴”更与“留”同音，岂不较之“柳”更为适切？而“榴树”在诗词文化中，并未获此殊荣。可见，“谐音说”之唯一性是站不住脚的。也就是说，“柳”在送别诗中能独当一面，“谐音说”不过是锦上添花，更有关键的原因待读者发觉。

具体来看《咏柳》一诗。在众多诗词作品中，“柳”多作为一种“意象”出现，被作品赋予一种意象生命。也就是说，这类诗作中的“柳”褪去了作为植物的实用价值，上升为一种具有审美价值的意象而存在。

然而，《咏柳》一诗虽包含“柳”这一意象，其更似一首纯粹的“咏物诗”。在这首诗中，“柳”更大程度上是作为客观对象而存在的。虽然在描述过程中，作者也注入了主观情感成分，然而作品整体上表现为对“柳”这一事物客观形态上的描述，整首诗更像一幅关于“柳”的素描。换言之，“柳”作为“送别诗”的传统象征意味是被遮蔽的。

全诗凡四句，每一句都在着力对“柳”这一客观事物作外形上的刻画。每一笔刻画，都让“柳”这一事物更靠近女性的阴柔之美。

第一句，“碧玉妆成一树高”，将“柳”用“碧玉”二字加以修饰，在视觉上便将柳树如碧玉般的翠色欲滴之状表现出来。然而，这仅为字面之意，殊不知，“碧玉”二字实则更有深意。

晋孙绰有《碧玉歌》，诗云：“碧玉小家女，不敢攀贵德。感郎千金意，惭无倾城色。”一位娇柔、谦卑的女性形象跃然纸上。中国评价女子素有“小家碧玉”之说，与之相对的是“大家闺秀”。二者是两种截然不同的两种女性形象。与后者相较，“小家碧玉”更富有女性天性娇柔的风姿。

在《红楼梦》中，曹雪芹对林黛玉的描写便有“行动处如弱柳扶风”之句。可见，在文学创作中，“柳”的文学生命是趋于娇嫩柔弱、惹人爱怜的。此句用“碧玉”描述柳树，其千柔百态之姿，可见一斑。由此可见，“碧玉”二字用得极妙，可谓一语双关，既赋予柳树“碧玉”般的色泽之美，又写尽柳树娇柔之态。

此句中的“妆”字，亦为女子之作。诗云：“当户理红妆”“梦啼妆泪红阑干”“应照离人妆镜台”“淡妆浓抹总相宜”等，“妆”字皆指闺阁女子，且自成淡雅、幽怨之风姿。它构成的艺术效果，与“碧玉”二字相映成趣。

第二句，“万条垂下绿丝绦”，尤言柳枝青翠浓郁，作低垂之状。“垂”字看似无心，实则有意。“万条耷下绿丝绦”，同样形容出柳条之态，然则风韵无存。只因“垂”字中不仅包含一种状态，更有一种情态。

白居易《长恨歌》中有云：“芙蓉如面柳如眉，对此如何不泪垂。”不言“落泪”，唯说“垂泪”，只因前者仅有状态，是一种事实描述，后者因一“垂”字，则将美人落泪时的伤怀妩媚之态尽显。又有李后主词云：“子规啼月小楼西，玉钩罗幕，惆怅暮烟垂。”暮烟无形无迹，随风而散，如何能“垂”？只因词人是借“暮烟”之有形来表达“愁”之无形，要想抒写“愁思”之深之重，唯有将其“重量化”。

李易安也用此法表达“愁”：“只恐双溪舴艋舟，载不动许多愁。”一个“载”字，传达出易安之“愁”是“浓愁”，李后主之“愁”意在表现“浅”字。唯有“垂”字，既有重量，又不至于“过于沉重”，它的语义色彩是“轻柔”。“垂”字这种“轻柔”，与女性的阴柔之美是和谐的。

“丝绦”为丝线编织所成之物。“丝绦”二字也暗指女子，容易引发“丝绸”“宫绦”之联想，无疑均为女性之象征。

由此可见，前两句诗中，诗人欲将柳树“女性化”这一意图颇为明显。

第三句，“不知细叶谁裁出”，由前两句之陈述语句转为问句。语言形式上发生变化，使得整首诗的语气变得生动起来。此句仍在内容上暗喻女性阴柔之美。“裁”，尤言“剪裁”之意，属于女工，此处明显在暗喻女性。就其语义色彩而言，仍是女性之阴柔美，前后句和谐统一。“裁”字虽与“剪”字意思相近，然其更显雅致，更符合闺中女子的审美情趣。“文采双鸳鸯，裁为合欢被”，若改为“文采双鸳鸯，剪为合欢被”，则不难发现“裁”字之妙。“剪”这一动作表现出的力量感是过度的，失去了阴柔之妙。《红楼梦》中，李纨之字为“宫裁”，读来真真文雅而不失风味。诗人之所以选“裁”字入诗，只因其与前半句“细叶”之“细”字在意脉上是相和谐的。

第四句，“二月春风似剪刀”，若作“这是诗人想象丰富之所在，将‘春风’喻为‘剪刀’，形象生动地体现出……”云云，实在落入诗歌赏析平面化之窠臼。此处想象的动人之处在于，“剪刀”之比喻在意脉上与前三句实现了融合统一。“剪刀”看似寻常，然与前句中的“裁”字是相呼应的。也就是说，唯有将该比喻句置于整首诗为表现女性阴柔之美的大背景中，方能体会出“剪刀”一喻之精妙。否则，单看此句，实在无可圈点之处。

唯有通过《咏柳》一诗，解读出“柳”在外形上客观存在的“女性阴柔之美”这一特点，才能最终解答本文提出的问题，即“柳”作为送别诗的经典意象是否唯有“谐音说”一理。

原来，众诗家择“柳”入送别诗作，更有重要原因：“柳”自有天然的风姿。与别树枝干的坚硬挺拔之态不同，“柳”枝因娇柔而会作低垂状。“草长莺飞二月天，拂堤杨柳醉春烟。”春风拂来，柔软的柳枝随风摇曳，此《诗经》所谓“杨柳依依”也。“柳”这一“依依惜别”“缠绵不断”之状，正合了自古离别之际人们心中剪不断理还乱的情感。

故而《咏柳》诗的独特艺术价值在于：自古诗家词家择“柳”落笔，借以抒写离别之景，都是基于在情感上首先已肯定了“柳”作为“离别之意”的象征意义。“渭城朝雨浥轻尘，客舍青青柳色新”“此夜曲中闻折柳，何人不起故园情”这类诗句中的“柳”，都是作为特定“文学意象”而存在的。唯有贺知章《咏柳》一诗，真正从相对客观的描述上，将“柳”这一事物的特征表达出来。也就是说，此诗的出现，是对自古以来集体无意识中“柳”作为“送别诗”经典意象之缘由作出的正面、具体化的解答。

最后，为了证明“柳”作为“送别诗”的经典意象，并非仅在于“谐音说”，更因其外形上的“独特性”这一论断并非一厢妄测，不妨再举二例。

在中国古典诗词中，除“柳”之外，仍有一些树木具有特定的艺术生命。如“松”，象征孤直、卓尔不群，由此衍生出“出世”之感。故有诗云：“松下问童子，言师采药去。”此诗营造出一种出世的、远离世俗的空灵之境，“松”这一意象起了重要作用。不难想见，深山里必不只松树一种树木，诗人何不写“柳下问童子”“杨下问童子”“桂下问童子”呢？只因唯有“松”具有与此句相适宜的审美色彩，若用“柳”代之，其缠绵娇柔之态与整首诗的意境是相悖的。

再有，“梧桐”在中国古典诗词中象征悲凉、孤凄。如“无言独上西楼，月如钩。寂寞梧桐深院锁清秋”，深秋时节，百木开始凋零，确有寂寥之感，然而必不唯有“梧桐”一家。若改为“无言独上西楼，月如钩，寂寞柳树深院锁清秋”，则秋之肃杀之意境全无。

举此二例，意在说明诗词中作为“意象”出现的树木均有既定的艺术生命。那么，“柳”的艺术生命是什么呢？窃以为，是一种阴柔之美。这种独特的艺术效果，是由柳树天然的外形决定的。其枝条是柔软低垂的，尤似离人情绪一般温软缠绵。加之“柳”字与“留”字之音相契，故“柳”作为送别诗中的一种经典意象被固定下来。

也就是说，关于“柳树”成为送别诗的经典意象，“谐音说”实则为第二位的。柳树外在形象的娇柔百媚，体现出的“阴柔之美”，才是问题之关键。这便是同样可作“留”字之谐音的“榴树”不能取“柳”而代之的原因所在。

点 评

《咏柳》一诗，妙在全以女性阴柔之美取譬，对此，大家（见孙绍振先生《名作细读》）已有解读。然作者却能立巨人之肩，由此诗见出一种新气象、新文脉来，非具龙象之力者，其孰能哉？虽然“柳”之成为经典的送别意象滥觞于《诗经》，但对此做过一番精细考察者，鲜有闻。作者将《咏柳》一诗置于文学母题的整体脉络中加以审视，故能见人所未见、发人所未发。盖“柳”之为“留”，非因谐音，实为其依依而垂的女性情态与依依不舍的惜别情感，不仅貌合，更且神契。至于教学，则无须拔高，学生若能结合生活体验想象柳之情态美，抑或能借助绘图再现柳之外表美，可矣。

从“全景”到“特写”

——杜甫《绝句（迟日江山丽）》解读（统编语文三下）

绝　句

（唐）杜甫

迟日江山丽，春风花草香。
泥融飞燕子，沙暖睡鸳鸯。

统编小学语文教材三年级下册第一课《古诗三首》所选古诗有《绝句》《惠崇春江晚景》《三衢道中》三首。窃以为，将此三首古诗纳入一组，编者的意图颇为明确：此三首古诗同属“写景诗”这一范畴。该单元导语中也提到关于本组课文的学习要求——“试着一边读一边想象画面”，这为教师的教学设计提供了思考原点。

然而，值得教师注意的是，“试着一边读一边想象画面”这一指令其实是不明确的，因为任何一篇写景的文章都在借助文字还原画面、构建画面。与此同时，任何一位有阅读经验的读者，读着这样的文字，脑海中总会有意无意构建出与文字内容匹配的画面。也就是说，“一边读一边想象画面”是读者在阅读这类作品时自发形成的条件反射，它是一种自觉行为，无须特别指出。

如果语文教学仅仅停留在引领学生将诗歌中的意象简单拼凑出一幅画面

便结束教学的话，这样的教学行为仍属于浅层次的。换言之，所谓语文教学的“工具性”，在这样的课堂上是缺位的。

在日常教学中，教师与学生在“想象画面”这一行为完成后，还须作进一步深究、继续思考：

（1）我为什么要想象出文本描述的这个画面？

（2）想象出诗里所述的画面并不难，它属于我们的大脑在阅读时自发的能动意识。根据文字“想象画面”这一行为完成后，其最终指向的是什么？这种行为背后的意义是什么？

……

不难发现，这样的思考一直推进下去，读者便将实现对文字内容的突围最终指向对文字形式的研究。这也预示着读者完成“想象画面”后，阅读行为并未真正结束。在读者的潜意识里，之所以阅读，最终是要探寻作者究竟是如何用文字描绘这幅画面的。换句话说，作者是如何通过这篇文本构建出“这一个”而不是“那一个”画面的。说得更“实用”些，即作者在这一文本中运用的写作技法是什么。对这类问题的探讨，才是读者“试着一边读一边想象画面”阅读行为的最终落脚点。

然而，探索作者创作技法是我们在教学写景类文本（包括诗歌）时常见的一个盲区。苏东坡评王摩诘的“诗中有画，画中有诗”一句广为人传，然真正能品味出诗歌画面意蕴之人却是寥寥。

本文试以杜子美《绝句》一诗，就其创作笔法初作探究。

将辩证唯物主义落到实处，理应是文本解读的根本态度。在此要特别指出，仅做到“唯物”是不够的，仍须“辩证”。何为“辩证”，首先便是拒绝思维的孤立与片面。

要想发现一首诗歌、一篇作品的优劣，“比较”不失为一种方法。对文本进行单篇、孤立的推敲，很容易流于文本解读的片面化、形式化及浅薄化。

《绝句》《惠崇春江晚景》《三衢道中》三首诗都指向“画面”，然而其深度、广度却不尽相同。

先来看《绝句》一诗。“迟日江山丽，春风花草香”两句诗所构建的画面是全景式的，这类描写意味着细节的缺失。若从摄影角度来说，当属广角镜头，可视范围非常广，但细节的清晰度却十分有限。

具体来看诗人的用词。“迟日江山丽”中，诗人以“江山”这一概括性的词入诗，具体是哪里的“江山”，是黄浦江还是长江，是泰山还是华山，并不清楚。这是诗人创作时的有意留白，也为读者提供了充足的想象空间。前两句诗营造的画面是“空濛”的，范围阔大，而视野朦胧。读者此时的想象是自由的，不同的读者大可用各自心中的“江山”来填满这段言语上的留白。

设若此二句写出具体名称，整个画面就太“实”、太“满”，读者的想象空间被压缩。同样是杜子美的诗《闻官军收河南河北》：“即从巴峡穿巫峡，便下襄阳向洛阳。”巴峡、巫峡、襄阳、洛阳均是具体的地名，因而整个画面是具体的、丰满的，这类诗句的真实性导致读者的接受是被动的，想象余地不大。

同理，“春风花草香”一句中，诗人选用“花草”一词，具体是芍药还是牡丹，抑或是别的花，也不明确，只是把“花草”这样一个概念性的词呈现给读者，因而使整个画面变得隐约、朦胧。

诗人这种采用高度概括性的词入诗的笔法，是诗句所造画面朦胧、苍茫的原因所在。

虽然此二句诗所营造画面是远距离、全景式的，然而通过“江山丽”“花草香”等处，读者不难感觉出此时春光的秀美。设若诗人将这种概括性笔法续写下去，整首诗的层次便趋于平面。

于是，在后两句诗中，诗人及时拉近镜头，让读者的阅读视野变得清晰，诗歌画面中出现了诸多“细节”（如“燕子”“鸳鸯”）。“泥融飞燕子，沙暖睡鸳鸯”中，诗人不再采用概括性的如“啼鸟”“浮禽”等词入诗，而将句子写实，落到“燕子”“鸳鸯”这类具体事物上。这便意味着此时诗人观景的脚步在变，视野也随之在变。这种变化使整首诗的画面有了层次感。

纵览全诗，不难发现“迟日江山丽，春风花草香”与“泥融飞燕子，沙暖睡鸳鸯”，是视野全然不同的两幅画面。潋滟渺远有之，清晰明丽有之，二者有机交织在同一首诗里，构成和谐统一的整体。

《绝句》一诗中，这种远近画面交织呈现的层次感，正是其区别于本课另外两首诗的特点所在。

我们且将东坡的《惠崇春江晚景》一诗与之对比。

“竹外桃花三两枝，春江水暖鸭先知。蒌蒿满地芦芽短，正是河豚欲上时。”不难发现，苏东坡笔下的春景图与杜子美所写全然不同。苏诗是对一组近景的特写：“竹”“桃花”“鸭”“蒌蒿”“芦芽”，每一笔皆落在实处。

可见，《绝句》一诗的画面有着鲜明的层次，远近景交融勾勒，《惠崇春江晚景》则全然是一种近景式的特写。这种差异性，体现在诗人的选词上。对这类遣词造句的细微处，读者若不加细思揣摩，是很容易忽略的。

再来看本课另一首诗，曾几的《三衢道中》。

这首诗构建的画面与前两首又有不同，由一种远景式的写意笔法统领始终。

“梅子黄时日日晴”，交代时间为春末夏初的黄梅时节，为整幅画面定调。接下来的三句开始描写景物：“小溪泛尽却山行”“绿阴不减来时路”完全是山水写意的；“添得黄鹂四五声”一句中，具体的事物（“黄鹂”）出现了。对此读者不禁要问：这一句里不是出现了具体的事物“黄鹂”吗，可见此处属于近景描述。

读者诸君，莫要作这种僵化分析。一个词语，不仅有其词典意思，更有其语境意义。通过字典上的解释，可知“黄鹂”确乎是一种具体的鸟类。然而，读作品断不可孤立地读，而要把单个的词语、句子还原到整个原生语境中去。

将“黄鹂”一词放置整个句子中，读者不难发现，原来“添得黄鹂四五声”一句虽有“黄鹂”之名，并无“黄鹂”之实。也就是说，“黄鹂”这一具体事物并不曾出现在画面里，此句中的“黄鹂”实则是对其声音的描绘。基于这种分析，读者再将诗句进行想象加工，便不难体会出：正是因黄鹂的这几声啼鸣，整幅画面才变得空旷幽远。

《古诗三首》中，三首诗构建出三种风格迥异的画面，这种艺术效果的出现，在于诗人的用词风格与技巧之不同。不同诗歌为何呈现出不同的风貌气象，唯有通过对比、分析用词上的差异，才能挖掘出每篇作品背后的奥妙。

点 评

说一千道一万，读诗也须走一个来回。从语词（形式）出发，进入意境（内容）；再从意境（内容）走出，回到语词（形式）。前半段解读，在得其滋味；后半段解读，在得其功夫。得其滋味，在知其然；得其功夫，在知其所以然。这便是作者起笔反复强调的，只有“唯物”是不够的，仍须“辩证”。自然，此例解读，侧重于得其功夫，侧重于知其所以然。作为意象的“江山”“花草”，之所以能营构出寥廓朦胧的意境，实则与它们在词性上的抽象概括息息相关。同理，作为意象的“燕子”“鸳鸯”，之所以能描绘出纤秾逼真的意境，也与它们在词性上的具象明晰密不可分。形式与内容，本就是一体两面。论形式不离内容，论内容不弃形式，如此才不至于辜负语文教师这一独特身份。

在因果链中发现因果

——《守株待兔》解读（统编语文三下）

统编小学语文三年级下册第二单元是寓言主题单元。《守株待兔》是本单元的第一篇课文。“寓言”，是一种用比喻性的故事寄寓意味深长道理的文学体裁，具有篇幅短小、语言精练等文体特点。

守株待兔

宋人有耕者。田中有株。兔走触株，折颈而死。因释其耒而守株，冀复得兔。兔不可复得，而身为宋国笑。

《守株待兔》全文共 5 句，47 字（含标点），然故事完整。在文言文中，句子主语时常是被省略的。这对于初次接触文言文的读者，一定程度上加大了理解难度。如文本中，“因释其耒而守株，冀复得兔”“兔不可复得，而身为宋国笑”两个句子都省去了主语“耕者”。然而，此处关于主语的缺失，读者只需对句子的“留白”处进行语义补充，便能迅速找到主语——“耕者”，因为作者在创作过程中始终遵循着句与句之间内在的因果逻辑关系。也就是说，看似散落的五个单句之间，其内部构成因果逻辑关系，从而使句子内部形成一条关系链，使整个文本构成有机统一体。

为了便于分析，现将五个句子分列如下。

1. 宋人有耕者。

2. 田中有株。

3. 兔走触株，折颈而死。

4. 因释其耒而守株，冀复得兔。

5. 兔不可复得，而身为宋国笑。

第 1、2 句先后出现“耕者”“株”两种事物。然而，这两种事物是不存在必然联系的，此二句之间是彼此独立、没有关联的。使二者最终发生联系的是第 3 句话：“兔走触株，折颈而死。”一只奔跑的兔子撞到树桩上，发生折了颈部导致死亡这一偶然性事件，才有了接下来的“守株待兔”这一“耕者”的行为，“守株”这一动作行为的主体是“耕者”。可见，“兔走触株，折颈而死”一句将“耕者”“株”两个原本相互独立的事物联系起来。也就是说，第 3 句将第 1、2 句所述内容纳入一个整体。

事实上，第 3 句对整则寓言起了支架的作用，是整则寓言的核心。因为第 3 句所述事件，不仅使第 1、2 句形成内在逻辑关系，同时也导致第 4 句“耕者”行为发生，因而第 3、4 句之间构成因果逻辑关系：“兔走触株，折颈而死”，所以导致“因释其耒而守株，冀复得兔”。

前文提到过，第 4 句“释其耒”的主语“耕者”是被省略的，但因为 3、4 句的因果逻辑关系，读者将迅速而准确地将主语“耕者”补充出来。设若将此句以“兔”作为“释其耒”的主语，其句意在逻辑上是不通的。唯有“耕者”“释其耒”，才最终确保句子在既定的因果逻辑语流上行进。

此一逻辑链条仍在延续：第 4 句，“因释其耒而守株，冀复得兔”与第 5 句“兔不可复得，而身为宋国笑”之间同样遵循着这种因果逻辑关系。第 4 句所述“因释其耒而守株，冀复得兔”这种“守株待兔”的行为，导致第 5 句“兔不可复得，而身为宋国笑”这一结果。“而身为宋国笑”一句，省去的逻辑主语为“耕者”。因为句子内部构成因果逻辑关系，故对省去的主语（“耕者”）是不难作出准确判断的。

可见，这则寓言虽然由五句看似独立、零散的单句构成，然而句子内部存在一种因果逻辑关系，终使五个独立单句在同一语流上组成环环相扣的统一体。

值得注意的是，这种因果逻辑关系在此则寓言中是以复式形式出现的，即它不仅存在于五个单句之间，也存在于句子内部。

组成该寓言的五个句子，其中第 1、2 句，“宋人有耕者”“田中有株”是单句；第 3、4、5 句是复句形式，均由两个分句组成，即“兔走触株，折颈而死”“因释其耒而守株，冀复得兔”“兔不可复得，而身为宋国笑”组成一个复句的两个分句之间，同样遵循因果逻辑关系。

“兔走触株，折颈而死”，前一个分句是导致后一个分句的原因，即奔跑中的兔子撞到树桩上，才导致“折颈而死”这一结果。

“因释其耒而守株，冀复得兔”一句中出现了因果倒置现象，即后一个分句是前一个分句的形成原因，可见寓言虽然篇幅短小，言语精练，然而其句子内部结构仍是灵活的。这个句子内部的因果逻辑是：因为“耕者”“冀复得兔”这一想法，所以“因释其耒而守株”这一行为才发生。

“兔不可复得，而身为宋国笑”一句中，前一个分句是导致后一分句的原因：因为“兔走触株”属于偶然性事件，所以说耕者“守株待兔”的行为是荒诞的，被宋国人嘲笑。

综上所述发现，这则短小的寓言虽然言语简练，句子成分时有省略（主语缺失），然而句子之间、句子内部之间遵循着缜密的因果逻辑关系，使其处于一个统一体内。在这种因果逻辑的作用下，读者理解寓言时，其思路始终保持在同一语流中，对省略的句子成分能迅速作出还原与补充。

除了句子之间、句子内部的因果逻辑性外，此则寓言在语言风格上也有特点，即通篇为白描手法，如“宋人有耕者”“田中有株”对于文本中提及的人物形象，作者没有加以任何描述性的语言，唯“宋人”“耕者”这类概念性的表述。《韩非子》中的其他寓言篇目，如《郑人买履》（“郑人有欲买履者”之“郑人”）、《自相矛盾》（“楚人有鬻盾与矛者”之“楚人”），作者对人物形象同样也作这种模糊处理。

再如“因释其耒而守株，冀复得兔”，当“耕者”看到“折颈而死”的兔子，以为自己可以从此“不劳而获”时，其心理状态一定会产生变化。设若以其他体裁来描写这一情节，如“小说”这类叙述性作品，对于“耕者”此时的心理活动，作者必定多有刻画，以增强文本艺术效果。而“寓言”因其文本特征，对此全无议论，纯粹仅对事件进行陈述。可见，作者的创作态度是趋于冷静与抑制的。

点评

寓言以说理为旨归。但寓言说理，跟议论文说理大异其趣。寓言之“说”，非明说，是暗说。寓言的暗说，有着“主题先行”“寓意于象”“刻意夸张”“象大于意”等特征。然将上述特征统摄于暗说过程的，则是其缜密的逻辑性。作者正是扎入寓言最深的肌理——逻辑关系来理性解读《守株待兔》的。可以说，叙事逻辑乃是寓言之领，提领而顿，则百毛皆顺。故此，教学亦应“提领”入理。提领的第一个层次在寓言的叙事逻辑：因为“兔走触株，折颈而死”，所以“耕者冀复得兔”；因为“耕者冀复得兔”，所以“耕者释其耒而守株”。提领的第二个层次在寓言的说理逻辑：因为“兔走触株，折颈而死”是一个偶然事件，所以“耕者冀复得兔”是不可能实现的；因为“耕者冀复得兔”是不可能实现的，所以“耕者释其耒而守株”是愚蠢可笑的。显然，“兔走触株，折颈而死”乃是叙事逻辑和说理逻辑的交汇点。

“静”到极致是为“净”

——张继《枫桥夜泊》解读（统编语文五上）

枫桥夜泊

（唐）张继

月落乌啼霜满天，江枫渔火对愁眠。
姑苏城外寒山寺，夜半钟声到客船。

关于张继的《枫桥夜泊》一诗，可谓妇孺皆知，其对后人的影响之深多有旁证。据说，就“夜半钟声”四字所述内容的真实与否，从宋朝起至清时，便争论了一千余年。此诗的艺术魅力由此可见一斑。

即便是在今人之间，因此诗而起的争论亦屡见不鲜。网络上曾见读者发表言论：此诗中的“江枫”二字，所指为何？是指“江边之枫树”，还是指“枫桥”这一具体地点，有待考证。

窃以为，在诗歌鉴赏方面作这般追根溯源之考据，是十分无趣的。胡应麟于《诗薮》中言：“诗流借景立言，惟在声律之调，兴象之合，区区事实，彼岂暇计？”此言无疑为后人在诗歌鉴赏方面指明了方向，即诗贵在“兴象之合”，是诗人主观情感与客观物象之间的和谐统一。换言之，诗中出现的多是为诗人艺术化、主观化后的意象，具有浪漫性质。这也是诗与其他纪实类文体的根本性区别。

对“欲穷千里目，更上一层楼”一句，考据派读者不禁要问：更上一层楼，便可远望千里之外的景观，此言不实！要想做到“千里目”，恐怕唯有天上神仙可为。殊不知，正是因了这种夸张的想象，此诗才拥有了永恒的艺术生命。可见，我国古典诗论提出的“痴而入妙”这一创作主张，才是诗歌经久不衰的根源所在。

自古以“寒山寺”及寺庙钟声为题材的诗作并非少见，然而，众多诗作中，唯《枫桥夜泊》一首历经千年，仍魅力不减。若要深究其因，读者须直面文本，从浑然一体的意象群落中找到缝隙，窥见诗作的艺术堂奥，方能有得。

此诗异于他诗最大的艺术特色在于，将“静”字写到极致。天地万物，在此“静”中达到和谐统一。而“静”到达极致，就能由声色之“静”上升至性灵之“净”。

古诗中追寻“静”这一意境的作品俯拾即是：“人闲桂花落，夜静春山空”“众鸟高飞尽，孤云独去闲”“千山鸟飞绝，万径人踪灭。孤舟蓑笠翁，独钓寒江雪”……虽然此类诗确乎营造出一种“空”与“静”，然而与《枫桥夜泊》相较而言，到底是落了痕迹的。

细观之则不难发现，为了营造“静”这一意境，诗人不约而同选择了此类字眼：“静”“空”“尽”“独”“绝”“灭”“孤舟”“独钓”……不应忽视这种用语现象。这说明在诗歌造境方面，纵是李白这类天才诗人也不免循规蹈矩。当然，读诗不可断章取义，中国诗尤其讲究意境的整体性。然而，为了在对比中突出《枫桥夜泊》一诗造境手法之高明，此文不得不作出“咬文嚼字”之举。

总而言之，以上句例在遣词造句上是落于痕迹的。《枫桥夜泊》一诗同样也为造“静”之境而作，然诗人却未着一“静”字，便达到“静”盖全诗的艺术效果。

一、意境之“静”的高度统一

对诗题“枫桥夜泊”四字表现出的意境，我们不可忽视。“泊”，尤言一种静止状态，本属事实描述，零感情。“移舟泊烟渚”未曾带来感情上的浸润，因了后文的“日暮客愁新”才让“泊”字有了孤独、寂寥之感。此处在“泊”字前加“夜”字点缀，即“夜泊”，便化客观描述为主观抒情，抽象的状态化为具体的画面：长夜里，一叶小舟水边停泊，四下空寂。此时，无论是客观环境或是诗人心境都呈现出一种“静”的状态。诗题“枫桥夜泊”四字，更多的是对一种直观可感的客观环境之“静”的抒写。

第一句，“月落乌啼霜满天”，主要为两个意象的铺排，即“月”与“乌”，后半句的“天”是作为此二者的背景出现的。“月”与“乌”本是两个平行意象，是彼此断裂的，用“霜满天”三个字却让二者之间产生交互关系。“霜”尤言此诗时令为深秋，第二句中的“江枫”二字与之呼应。“霜满天”实则描述深秋夜的肃杀、清寒之感，即整个天地皆沉浸在肃杀、清冷的深夜里。

诗是文字艺术，然而这种文字艺术下会产生视觉效果，即东坡所言“诗中有画”。读到这句诗，读者潜意识里便完成对“月夜”“乌啼”“霜天”的统一。整幅画面的视野是阔大而空灵的。不仅如此，作者仍深谙“动静相生”之趣：他将“乌啼”引入诗句，便让画面有了“鸟鸣山更幽”的声像之美。换言之，没有一丝声音的“静”是“死寂”，有一丝响动的“静”则是“空静”。这正如佛家所言，“真空妙有”。空，是真空；有，为妙有。如此静谧的深秋之夜，一声“乌啼”怎是一个“妙”字了得！因了这“有”(声)，整幅画面才“静”得更为透彻。这一声“乌啼”，实为此诗意境之“静”的第一个节点。

值得一提的是，为了保证整首诗“静”之意境的统一，“月落乌啼霜满天”之“月”字与题目中“夜泊”之“夜”字是呼应的，其意脉相连，未曾断裂。

第二句，“江枫渔火对愁眠”，仍为突出“静”字。“江枫”“渔火”本无特殊之韵，“渔火”，一灯如豆，在夜幕下的江心尚有些许凄幽之意。孤立来看，“江枫”二字并无独特艺术色彩，其与“渔火”之间，无论是物理距离或是文学审美上都是割裂的。然而，这种“割裂”关系在“霜满天”这一笼盖性的肃杀氛围下，却实现了“静”的统一，让原本独立的二者共同构成“静”这个统一意境中的有机组成要素。

这句中的“静”，与上句“月落乌啼霜满天”中的“静”是一脉相承的。这种承接性最终在“对愁眠”三字中完成。至此，诗中的“人”出现了。但他并非如“蓑笠翁”那般具体可感，是藏于“愁眠”二字背后的，具有一定的隐秘性，易为读者忽视，唯有停下来再次发问：“是谁人在‘愁眠’？”才能读出诗人张继的形象。如此一来，继“乌啼”之后，此诗意境之“静”出现了第二次起伏，更添了一个层次。

也就是说，这首诗所造之“静”，之所以高出别的诗作，在于它的“静”并非“空无一人”，而是有诗人的参与。并且，诗人的参与是遮蔽性的，藏匿于“愁眠”二字之下。这份“静”，因为有了“人”的参与，才有了温度、有了内容。

“愁眠”道出作者当下的状态聚焦于一个“愁”字。然而，这种“愁”，与“江枫”“渔火”一道笼罩于整个肃杀、清寒的夜色之中，成为“夜色”世界中的一部分。因而，一己之“愁”，在如此空静的大背景下，终被稀释。

同样是因“愁”所致的“无眠”，李易安的“愁”是浓郁的，所谓“独抱浓愁无好梦”。据资料记载，张继作此诗，时值安史之乱后，他随众文人南下逃亡，此时的“愁”为家国之愁，理应同为李易安之“浓愁”。但此“愁”却因诗人视野的宽阔（“霜满天”），诗境是打开的，在大背景下被稀释，变得空灵轻盈，艺术效果上则更为动人。

“绝句”不同于“律诗”的特点在于其第三句往往是“转”（折）之句，或为情感上的“转”，或为内容上的“转”。此诗第三句“姑苏城外寒山寺”，属于双重对转之句。如果说前两句的画面是阔大的，那么自第三句起，整首诗的意境显得更加幽远，将“静”之意境推得更深、更远。

诗人前两句的视线尚在江天之间，自第三句起，则延伸至“姑苏城外”。物理距离被最大限度地拉开，读者与诗人之间的心理距离却随之缩减。读者与作者间的这种共鸣，其产生的心理基础是前两句造境所致——“月落乌啼霜满天，江枫渔火对愁眠”。读者的阅读体验已然被带入肃杀清寒的秋夜，“霜满天”这一弥漫性的描述最终激活了读者的主观体验。

第三句也是承接“静”这一意脉而来的。请注意，诗人调整视野时，选择入诗的并非姑苏城里的繁华锦绣，而是城外的深山古刹。就寺庙这一意象而言，它是出世脱俗的象征。这种意象色彩与作者营造的“静”之意境是相契的。“寒山寺”一处也为全诗意脉的浮动埋下了伏笔。

第四句，“夜半钟声到客船”。本来“姑苏城外”的寒山寺与第一、二句出现的意象，即“乌啼”“江枫”“渔火”在视觉上是断裂的，也就是说，此时的寒山寺尚处“姑苏城外”，属于诗人当下看不见的事物。那么，要保持前后意脉的统一，必须借助另一事物的“统一性”“笼罩性”来实现。于是，“钟声”出现了。

诗人借“钟声”打破空间距离的阻隔，将眼前意象与城外意象统一起来。即使远在城外，“钟声”仍穿越空间距离弥漫在诗人所处的深秋之夜里。值得一提的是，“夜半钟声到客船”中的“到”字，看似无心，实则有意，隐含着方向性与目的性，仿佛钟声是为了寻访诗人而有意至客船中的。这一句不仅在空间、意境上与前三句诗实现艺术上的统一，在物与我之间也是“合一”的。

上文提到，第三句是“转”（折）之句，为后文意脉的浮动埋下伏笔。“姑苏城外寒山寺”，此句写“寒山寺”，一来是借“古刹”这一“出世”“空灵”的意象为全诗的“静”助力，二来是为引出第四句寒山寺的钟声。前三句诗中，为了保持整首诗意境之“静”的统一，作者借“乌啼”“愁眠”完成两次强化，此处的“钟声”实现了对全诗意脉的第三次撞击，即在一片茫茫的“静”中再次加入声音元素。而且，它比“乌啼”之声来得更幽远、缥缈，因为这不是普通的钟声，而是寺院之声，属于佛家梵音。诗人“愁眠”之“愁”，无论因何而起，在这一空灵钟声之下皆变得沉寂。

至此，全诗的“静”达到巅峰。

二、诗格与人格的升华

诗人通过“霜满天”三字，将整首诗统一在一种极致的“静”中。为了不破坏这种“静”，诗人将自己也一并隐没于“愁眠”二字。整个画面呈现出极为干净与空灵的质感，意脉一以贯之，并未断裂。

虽全诗的意脉一贯到底，却并非作线性延伸，而是在“静”的轨道上有波动起伏。第一句借“乌啼”之声，衬托出深秋之夜的幽远宁谧。然而，这条声浪线因“乌啼”的出现微微振动后，马上复原至“静”的本位；第二句中的“愁眠”，实则意味着在诗境中“人”的出现。此对于秋夜的幽远、宁谧之境来说，又是一次“振动”，然而同样是小幅度的“振动”，迅速复原至“静”的主流轨道上；第三句出现了视线的转移，由近处的江天转向城外，这是此诗第三次意脉的波动，但“静”的主旋律仍未被破坏，继续延伸；第四句中“钟声”的出现，完成全诗第四次的意脉波动。

可见，整首诗的意脉如一条音浪，“静”是它的主调，而每句中通过具体意象的撞击，让“静”的主线出现不同程度的波动，共同组成这首“静”之曲的和谐旋律。正因此，《枫桥夜泊》一诗呈现出灵动、静谧的艺术风貌。

此诗意境落在“静”字上，感情却集中于“愁”字。然而，对于普通读者而言，诗人究竟为何而愁，是为落第而起的一己之愁，还是国破家亡的社稷之愁，并不是赏读此诗的关键。更重要的是，作者在投身自然之“空境”后，最终涤荡了心灵的愁尘，归于澄明清净的那一份超脱，才是这首诗的艺术价值。

千年之前，寒山寺的钟声撞击诗人心扉，使其一己“愁眠”最终脱却凡尘，化入空境。因了不朽的失眠，我们看到人格因放下而轻盈，因轻盈而升腾，因升腾而融入天人合一的境界。

千年之后，寒山寺的钟声依然撞击在每个读者的心上。在一次次的心灵碰撞间，我们抖落俗尘烦忧，更为清新自在，最终实现与《枫桥夜泊》一诗的生命共振。

点评

无缝机关难见，多才笔墨偏精。如作者所言，若要识得《枫桥夜泊》流传千年、魅力不减的奥妙，须从全诗浑然一体的意境切入，找到缝隙，拨开尘雾，于统一中见出矛盾，再于矛盾中见出统一，始能窥其堂奥，引起共鸣。作者解读的功力，就在于此。从全诗浑然一体的静境中，先析出“乌啼”“愁眠”“钟声”这些貌似打破静境的矛盾，又揭开“霜天”这一大背景，来阐释全诗由“寂静”迈向“空境”的更高统一。所谓无声非真静，大音乃空境是也。全诗的不朽魅力，正在于以“钟声”破静，复以“钟声”立静。而于破立之间，显化出涤荡尘埃、顿歇狂心的空境。故此，教学的奥秘，全在“钟声”二字。

“动静结合”是何以实现的？

——王维《山居秋暝》解读（统编语文五上）

山居秋暝

（唐）王维

空山新雨后，天气晚来秋。
明月松间照，清泉石上流。
竹喧归浣女，莲动下渔舟。
随意春芳歇，王孙自可留。

统编小学语文五年级上册第七单元第一课为《古诗词三首》，王摩诘的《山居秋暝》为其中一首。在单元导语部分，编者对学生提出的学习要求为：“初步体会课文中的静态描写和动态描写。”这是整体感知作品的前提。

很多教师在教此诗时力图“准确”地将“动静结合”作为重难点进行突破。遗憾的是，教学仅限于带着学生在诗中出现的几个意象之间打转，分析诗人是如何具体运用“动静结合”这一创作手法的，其教学往往浮于表面。

与西方浪漫主义倡导的“强烈的感情的自然流泻”不同，中国的诗歌艺术追求一种含蓄之美。这种含蓄之美往往蕴藏于诗歌的意境之中。意境的营造，得益于诗歌中出现的意象。

值得一提的是，营造意境并非依靠单一的意象，而是需要借助由多个意象组成的意向群落才得以最终完成。如马致远《天净沙·秋思》中的意象，由“枯藤、老树、昏鸦、小桥、流水、人家”六个散落的意象形成有机体，最终营造出统一、和谐的意境。

《山居秋暝》中出现的意象如下：空山、新雨、明月、松、清泉、石、竹、浣女、莲、渔舟等。这些意象构成的画面，给读者带来一种清幽、宁谧的感受。然而，这种阅读体验终究是一种感性认识，谈不上对文本的理性分析。读者唯有突破诗句表象，沉入句子内部，才能最终破译诗人是如何加工、组合意象的，从而合成一幅“清幽、宁谧”的画面。

“空山新雨后，天气晚来秋。”开头一句起得平平，似无新意，只是一种叙述。这是律诗的潜在规律，通常情况下，其第一句都是相对平淡的，但平淡中有着对整首作品的情感定调。

这一联诗传递给读者关于时间与地点的信息，假以“空山”“新雨”“秋”等字眼，营造出一种幽静的氛围。

“明月松间照，清泉石上流。”这一联诗里包含几个意象：明月、松、清泉、石。然而，此一为人称颂的诗句，在语法结构上是有问题的。依汉语使用习惯，可知正确的语句结构应该是：明月照松间，清泉流石上。很显然，诗人将“照松间”“流石上”这两处动宾结构的宾语前置了。也就是说，诗人打破语法习惯，有意拉近“明月”与“松”、“清泉”与“石”这两组意象的空间距离，从而加大意象群落密度。

这样写的用意何在？我们来作一个还原与对比：如果诗人遵循句法结构，将诗句写作“明月照松间，清泉流石上”，不但打破了诗歌押韵的要求（这不是关键原因），而且破坏了整个意境。改后的二句诗，实则只是凸显了“明月”与“清泉”两种意象，“松”与“石”则沦为“照”与“流”两个动作的附属，极易被读者忽略。

“竹喧归浣女，莲动下渔舟。”“以动衬静”是中国诗歌中一种常见的创作手法。同样是王摩诘的诗，“月出惊山鸟，时鸣深涧中”，深山之“静”，是通过“动”（“月出”）来表达的，连月亮一丝悄悄的位移，都能让鸟儿们感到惊吓，可见“静”的程度。

值得注意的是，对“以动衬静”之“动”的选择是要准确拿捏的。如果写“冬雷震震”“八月秋高风怒号”那样的大动静，则不足以凸显空山之“静”。因为那种轰鸣之声，即便是于闹市之中也可以听见。而且，就此诗整体意境而言，“冬雷震震”之声是“出格”的，与整体意境不匹配。唯有轻轻的、似有若无的一丝响动，才最能彰显空山之幽静。

在这一联中，诗人同样采用“以动衬静”的笔法。

此处出现这样几种声音：第一种声音是竹林里浣女隐隐约约的喧笑声。何以判定是“隐隐约约”之声？我们不妨首先思考：此句为何是“竹林”而非“树林”？

原来，“竹”在中国传统文化中是君子的象征，更有幽静之感。“宁可食无肉，不可居无竹。”因此，《红楼梦》中，林黛玉所居潇湘馆里栽种竹子最为适宜。设若曹雪芹安排潇湘馆里栽种的是牡丹，估计读者会要求林黛玉搬家，因为唯有竹子的高洁与清幽才与林黛玉的精神气质相符。

所以，诗人此句“竹喧归浣女”，虽然有一个“喧”字，但因为有了“竹”这种意象作背景，读者基于传统意象的象征性，通过启动联想机制，不难判断“隐隐约约”之声才符合整体语境。从竹林深处，遥遥传来女子隐隐约约的笑声，让整个意境更为幽静。

第二种声音是“莲动”与“下渔舟”之声。

这里存在一个“可疑”的矛盾点：这首诗题曰“山居秋暝”，也就是说描绘的是一幅秋天傍晚的图景，而“莲”这种意象通常出现在“夏日”的诗里，如接天莲叶无穷碧。此处出现“莲”，实在有种不伦不类的突兀感。

我们不妨就这一现象探讨一二。此处写到“莲”，大抵有两种可能：一是为“写实”。也就是说，“莲动下渔舟”是真实的画面再现。此时的“莲”理应是指秋天的莲叶。因此，读者很容易联想到李商隐诗“留得枯荷听雨声”，秋天的莲是“残”的，但在审美艺术中，那种残缺也是美的，是一种生命逐渐零落后归于沉寂的美，这与整首诗的气象是契合的。

二是“虚写”。也就是说，诗人为了确保整首诗的意境圆融，有意选择“莲”这种意象。莲叶在诗歌中出现，通常带着清新与明净之感，如“江南可采莲，莲叶何田田”“低头弄莲子，莲子清如许”……都包含一种充满生命力的轻快与明朗。《山居秋暝》一诗中，诗人意在抒发空山幽静之感，选择“莲”这一意象入诗并未“出格”。

渔舟从莲叶间顺流而下，船头拨动时，莲叶发出窸窸窣窣之声。如此细微声响，在空山之中却仍被清晰听见，足见空山之“幽静”。在描述这几处声音时，诗人作了艺术化处理。

此二句诗的表达，符合汉语语法习惯的语序应该是：“竹喧浣女归，莲动渔舟下。”诗人在这两个主谓搭配句中，将谓语动词（“归”“下”）前置了。用意何在？无非强调与突出。那么，要强调的是什么呢？很显然，是被前置的部分，即“归”与“下”。“浣女”与“渔舟”退居第二位，表示动作性的词被凸显出来，在艺术效果上呈现出动态的景象。这与前一联诗营造的深幽之境，形成动与静的映衬。

如果此联按照语法习惯写作“竹喧浣女归，莲动渔舟下”，便将句子的逻辑重心落在“浣女”与“渔舟”上，“归”与“下”两处动作的效力则被遮蔽。

这一联诗中出现了“浣女”与“渔舟”两种意象。在中国诗歌审美传统中，“浣女”和“渔舟”二者并不像“明月”“松”等意象拥有特定而稳固的审美价值。“明月”出现在文学作品中，是一种思念的象征，“松”则是孤高品格的代表。这是中华文化长期积累与沉淀的结果，是一种文化认同。然而，“浣女”与“渔舟”并无此种文化传统。

浣女，即洗衣服的女子，并无既定的文化意义，渔舟亦然。虽然屈原的《渔父》将“渔父”这个意象提炼为一种怡然自得、遗世独立的形象，但很显然，此句中的“渔舟”并无此意。

所以，此联诗之所以与整首诗的幽静氛围保持和谐统一，并不在于“浣女”“渔舟”这两个意象，而在于诗人借“归”“下”两个动作引发一种隐约之声，以衬托空山的“幽静”。

“随意春芳歇，王孙自可留。”在对“空山”之静作了一番描绘之后，诗的最后一句转为抒情。诗人这种感情不是凭空而来，因为前三句对“清幽之境”的营造皆为最后的感情升华蓄势。此处诗人不再作句法结构的调整，而是让句子处于正常的语流之中，是一种感情的自然流露。

可见，《山居秋暝》一诗中“动静结合”这一创作手法，诗人是通过打破句子语法结构、调控意象群落密度得以实现的。

点 评

要论“动静结合”，通常只在“写什么”上推究。写了静止的、安静的，便谓之“静态描写”；写了活动的、喧闹的，便谓之“动态描写”。这样推究，固然不错，但往往流于肤浅，不能抵达文本更深层次的堂奥。作者对“动静结合”的解读，颇有让人眼前一亮之感。盖作者解读，已由“写什么”的推究跃升至“怎么写”的推敲。诚如作者所言，在《山居秋暝》中，动静结合的笔法，妙就妙在句法结构的错位上。“明月松间照，清泉石上流”一联，设若改为“明月照松间，清泉流石上”，画面则成为一个随着时间流淌逐渐展开的过程，镜头感是流动的；但是，按照原诗的句法，“明月松间”被定格，“清泉石上”被休止，镜头感是凝固的。之所以会产生这样的效果，乃是名词连缀所发挥的强化作用，因为名词是静态的。所以，虽然有“流”字在，但是整联的效果依然是一种静态描写。这才是更高级的静态描写。同理，“竹喧归浣女，莲动下渔舟”一联，亦是因为“竹喧归”“莲动下”的动词连缀，且结构前置，强化了动态效果，成了典型的动态描写。细究起来，同样的静态描写，“明月”句诉诸视觉，显出一种洁净之美；“清泉”句诉诸听觉，显出一种宁静之美。同样的动态描写，“竹喧”句诉诸听觉，显出一种律动之美；“莲动”句诉诸视觉，显出一种流动之美。如此精微的动静结合，岂是泛泛的“写什么”所能推究的？

一只被“陌生化”的石猴

——吴承恩《猴王出世》解读（统编语文五下）

《猴王出世》一文节选自《西游记》第一回“灵根育孕源流出　心性修持大道生”，被选入统编小学语文五年级下册第二单元，“猴王出世”一题为编者所添。作为课文，编者在原文上进行了剪辑与改写，形成一个内容上较完整的“猴王出世”的故事。

本文试图从“内容上的陌生化”与“形式上的去陌生化”两个方面，就选文进行简要赏析。

首先，要明确“陌生化”这一文学理论概念，它由俄国形式主义批评家什克洛夫斯基提出。概言之，其核心指向作者在创作中有意打破人们常规认知，构成读者认知经验与作品之间的对立和冲突，给人以情感震动。在中国现当代文学领域中，余华的作品常出现“陌生化”的创作技巧，构成其独特的先锋文学创作风格。

《猴王出世》这篇选文，甚至整部《西游记》深受读者喜爱的诸多原因中，作者在创作中“陌生化”技巧的使用，是绕不开的一个。

一、内容上的陌生化

鲁迅最先提出“神魔小说”的概念，《西游记》则为我国古代经典的神魔小说。其塑造的孙悟空、猪八戒等形象，成为人们文学记忆中不朽的经典。这与作者塑造主人公时的“妖魔化”笔法有着不可分离的关系。

试想，西天取经的故事若是发生在唐僧与三个“人类”徒弟之间，且途中历经九九八十一个皆为日常生活中遇到的“寻常”困难，整部作品在艺术效果上将会损失绝大部分的魅力。

当然，不仅“神魔小说”，古代传说、神话、童话都因其丰富的想象而充满迷人的“陌生化”色彩。这一特色是由此类体裁特点所决定的。

然而，这类作品因为各自主题的差异性，决定了具体作品需要营造的风格基调是不同的。有的作品追求神奇诡谲的艺术效果，有的作品力求如梦似幻的艺术特色……这就是“共性”中的“个性”。

对《猴王出世》这一文本的解读，具体要落实的任务是拨开其“神魔化”的表象面纱，直击文字，分析作者是如何通过文字建构内容的，激活读者阅读《西游记》时奇特而新鲜的体验。

先来看选文的第一段文字——

那座山正当顶上，有一块仙石……四面更无树木遮阴，左右倒有芝兰相衬。盖自开辟以来，每受天真地秀，日月精华，感之既久，遂有通灵之意。内育仙胞，一日迸裂，产一石卵，似圆球样大。因见风，化作一个石猴。

读完这段文字，我们会产生一种神秘的感觉，如临仙境。这得益于作者在这段文字中对各种意象进行了铺排：仙石、芝兰、天真地秀、日月精华、通灵之意、仙胞。《周易》中有“立象以尽意”之说，大意是：形象本身就能表现意义，意义通过形象的塑造来实现。

这些词，看似无心，实则有意。充满神秘色彩的花果山，因为远离读者日常的生活经验，得以最大限度地激发读者的阅读期待。可见，言语的“陌生化”确乎有化腐朽为神奇之效。

如果用别的词来作替换，整个语段的气脉便会断掉——“那座山正当顶上，有一块石头……左右倒有树木相衬……每受日晒雨淋……内育胞胎……”句子意思没变，但原句中透出的“仙气”与神秘荡然无存。

海德格尔说：“语言是存在的家园。”作者需要做的是，在特定的作品中让“存在”以它在作品中该有的“方式”而存在，这便要求作者为这种“存在”甄选恰当的“家园”（具体的言语表达方式与风格）。可见，好的作品在最小的语言单位——“词”的选择上，要求是极为精要的。遣词造句的熨帖程度，往往是作者的匠心与功底所在。

二、形式上的去陌生化

所谓“形式”，是相对作品“内容”而言的。内容人人可见，形式却是唯有有心人得之。可见，“形式”是沉入文字内部的第二层“存在”。它往往决定整篇文字呈现出的独特气象。

虽然陌生化的创作会给作品带来意想不到的迷人之效，然而如果一味脱离人的主观经验，天马行空地编造故事，在给读者带来新鲜感的同时，也会让读者对所读作品产生疏离感。这种疏离感表现为，读者将潜意识地提醒自己正在读一部“不真实”的作品。这便难有身临其境的代入感，用王国维的话来说便是“隔”。

这种现象产生的根本原因在于，作者在创作时其想象没有遵循一定的逻辑，仅造成视觉上的出新与缭乱，然而这种阅读体验仅仅停留在浅层的感官上。对于时下不少影视作品，观众的直观感受是不真实，其原因便在于不着边际的“想象”。

我们读《西游记》却不会有这种疏离感，虽然书中人物是“动物”，但对于其一言一行总让我们觉得自己能真真切切“看到”“感觉到”，在生活中找到与之相应的“原型”。这恰恰是“去陌生化”的结果。

1.文化渊源上的去陌生化

吴承恩创作故事、发挥想象时，其实遵循了一定的内在逻辑。可惜的是，编者在删改这篇选文时，将原文中至为重要的一段文字省略了——

感盘古开辟，三皇治世，五帝定伦，世界之间，遂分为四大部洲……

其实，这处的文字是十分关键的。删掉此段后，选文直接以“海外有一国土，名曰傲来国”作为开头，便只是在作机械的事实陈述而已，读来索然无趣。此一“傲来国”，成了一个毫无情感色彩的符号，其所在之处原有的不同凡尘的“仙气”全因言语的断裂被遮蔽了。

细看这句被编者删掉的文字：盘古、三皇五帝皆在其中。盘古，虽为神话传说，却是中国文化的源头，承载的是中华民族的集体无意识。作者借此暗示读者，接下来要讲到的“傲来国”并非凭空捏造，实“确有此地”。作为读者，你还会有不真实的感觉吗？不但没有，而且会很自然地接受吴承恩“一本正经地胡说八道”；句中的“三皇五帝”，同样起到这样的心理暗示作用。它轻描淡写地将《西游记》所述内容与中国历史勾连起来，借以暗示《西游记》的故事是有依据的，与中国历史“一脉相承”。这在一定程度上为《西游记》披上了“历史性”外衣。可见，为了保持作品的奇幻感，又要给读者提供历史真实感，作者考虑到了读者的文化认同。

请注意作者对“石猴”这一形象的创造，实乃大有深意。试问：为何不是“仙树”成精、“仙草”成精，而是“仙石”成精呢？不知大家可有发现，我国古典名著中，《红楼梦》《西游记》《水浒传》的故事均由一块石头而起。如果对这一文学现象作更远的追溯，则可到尧舜禹的时代：相传大禹的儿子启，也是由石孕育而生的。

这并非巧合，恰恰说明中国文化对于“石头”的崇拜古已有之。这类“石育仙胞”的文学原型，渗透于中国读者的思维结构中，形成联想机制。这正是《西游记》中“石猴”这一形象深为读者接纳的缘由所在。我们有理由相信，对“石猴”这一文学形象的创造，正是作者基于文化渊源运用“去陌生化”手法的必然结果。

2.人物刻画上的去陌生化

来看这一处文字——

那猴在山中，却会行走跳跃，食草木，饮涧泉，采山花，觅树果。

作者在前文对石猴的生长环境作了一番铺排，营造的“仙境之感”是很成功的。因为这样的环境与读者的现实经验之间存在距离，而这种错位正是作品的审美价值所在。

然而，如果将石猴的生活继续“陌生化”下去，整个作品“似真若幻”的语境终将被打破：读者会因作品所述过于“奇幻”，产生一种不真实的疏离感。

于是，作者在刻画石猴生活状态时，选择的是对一些平常事物的描述：“草木”“涧泉”“山花”“树果”。其实，作者大可用“灵芝”“人参果”等奇花异草之名来凸显石猴的金贵与不凡。为何此处却选择了如此寻常的事物呢？这无非作者在“奇幻感”与“真实感”之间的又一次准确拿捏。换句话说，作者的这种描述尽可能贴近读者的生活体验，用日常可见之物增加作品的可信度与真实度。

点 评

寻找文本解读视角，不只是一个技术问题，更是一个价值问题。某个视角的确立，既意味着读者在该视域对文本的一种照亮，也意味着在其他可能视域对文本的一种遮蔽。那么，照亮什么，遮蔽什么，就是一种价值思辨、价值排序。作者对《猴王出世》的解读，选择了“陌生化”视角，这就有了我们对文本的一种全新体验。“陌生化”的创作，凸显了石猴的“神性”；“去陌生化”的创作，既赋予了石猴以“人性”（文化渊源），又护持了石猴的“猴性”（人物刻画），从而在真与幻、有与无之间达成某种极为精妙的平衡。“陌生化”的功效在“凸出”，在“强调”，在“吸引读者注意”。而“陌生化”背景下的“去陌生化”，则成了更高层次的“陌生化”，其功效同样在“凸出”，在“强调”，在“吸引读者注意”。试问，一只集“神性”“人性”“猴性”于一体的石猴，难道不是陌生化创作的结果吗？故此，“陌生化”也是教学《猴王出世》的一把金钥匙。

因为懂得　所以慈悲

——曹雪芹《红楼春趣》解读（统编语文五下）

写在前面：

我对《红楼梦》，与其说是“喜”，莫如说是“知”。如今，要对曹雪芹的文字作一番“赏析”，心中惶恐。《红楼梦》是一件艺术臻品，作任何功用性的分析都是大煞风景的事。此篇所述，我仅以“语文教师”的身份介入文本，极力保持对于文字的敏感性与专业性，就教材选文部分作出一己粗拙之见。

统编小学语文五年级下册第二单元为“古典名著”主题单元，《红楼梦》当属其列。教材选文节选自《红楼梦》第七十回“林黛玉重建桃花社　史湘云偶填柳絮词”，并被冠以“红楼春趣”一题。

这段选文主要所述贾宝玉与众姊妹同放风筝一事。据“红楼春趣”四字可知，编者将该选文主旨落在“趣”字上。受思维惯性的遮蔽，我们对于春日放风筝这一行为总体印象是向上的、充满生机的。这篇选文正是以“春日放风筝”为题材，称其“春趣”，不无道理。

然只消细作分析，便会发现此一“趣”字是经不起推敲的。这也是很多教师面对这段选文往往不知所措、不知如何展开教学的原因所在。整篇选文读下来，我们会发现，大部分文字为人物之间的对话，连描写都算不上，更不用说有何“有趣”的故事情节了。可见，对文本的感知，我们要极力保持客观，自觉在思维惯性上突围。

这样一来，此文虽名为“红楼春趣”，然而要想在“趣”字上深入分析，就显得困难重重。这段文字既被选入教材，它的价值究竟在何处？

窃以为，我们大可另辟蹊径，由关注情节转向场面描写的言语特色，赏析贯穿《红楼梦》的“隐喻”手法。

一、场面描写的紧凑性

1.事件过渡的紧凑

且看选文的第一句话：“一语未了，只听窗外竹子上一声响，恰似窗屉子倒了一般，众人吓了一跳。”熟悉作品的读者会敏锐地发现，这个句式在《红楼梦》中多次出现。

如在第三回王熙凤出场时，也出现了这个句式：“一语未了，只听后院中有人笑声，说：‘我来迟了，不曾迎接远客。’”“一语未了，只听……”六字，使这两处文字的文脉发生了转折。这一用语习惯，既是前文所述事件的终结，又是后文新事件的开端。它调动的是读者的听觉，读者此时并未“看到”画面，只是“听到”了声音，至于这声音是缘何而起，外面发生了什么，此时是全然不知的。这是文脉的突转，其语言艺术效果用一句语文课上常用的“套话”概括便是：“设置悬念”。这样一个“设置悬念”的方法，作者仅用“一语未了，只听……”区区数字便轻松达成，可谓四两拨千斤之笔力。设若作者在转换事件与环境时按常规笔法，即对前文作一个“完整性”的总结再开启下文，整个文脉虽保持流畅，读者的阅读期待却会大大减弱。

此类表现前后文所属事件、情节、环境发生转换的句子，在语文课上被定义为“过渡句”。曹雪芹笔下的这类过渡句，仅寥寥几字便将前后之事勾连起来，其用语干净而自然，毫无赘述之感，节奏流畅且紧凑，免落拖沓之窠臼。

2. 场景描述的紧凑

这段选文所述内容是围绕众人放风筝展开的。不难想象，春日放风筝的场景理应是热闹、欢悦的。为了突出具体场景特色，作者惯于借助环境描写达到效果。

如教材中的《桥》一课，为了烘托洪水来临时村民逃难的焦灼与紧张混乱之态，作者多次采用描述性的语言进行环境描写，如“山洪咆哮着，像一群受惊的野马，从山谷里狂奔而来，势不可挡”这类句子。如果没有这类文字，只是单纯描写人物之间的对话，很难让读者走入作者营造的紧张的“场”里去。

在《红楼春趣》这段选文里，关于“放风筝”一事，作者几乎没有任何关于放风筝环境的描述性文字，而是以人物对话支撑起整个事件。这正是曹雪芹创作这段文字时的“特别之处”。

曹雪芹当然不是不会借助环境描写来渲染气氛。我们来看《红楼梦》中的这段文字——

且说那宝玉见王夫人醒了，自己没趣，忙进大观园来。只见赤日当空，树阴合地，满耳蝉声，静无人语。刚到了蔷薇花架，只听见有人哽噎之声。

请注意环境描写的那几处文字：“赤日当空，树阴合地，满耳蝉声，静无人语。”四个简练的并列短语，精妙地将夏日午后的宁静烘托出来。由此可知，对于春日放风筝一事，作者大可就当下春光荡漾的大观园来一个特写镜头。然而，让读者意外的是，在教材选文中，曹雪芹竟没有一处描写大观园里的春天这一外部环境。

不妨作一个假设：如果在这篇选文前加上一段对春日景色的描述性文字，其结果便是整个行文节奏会慢下来。叙述节奏的“慢”，实则文脉的“慢”。这种被舒缓后的节奏，与“春日放风筝”这一行为的“明快”“活泼”气质是相悖的。于是，作者毫不迟疑地摒弃了对环境的描写，唯以人物的对话开启整个事件。

此处关于人物对话的叙述，也是有特点的，具体表现在提示语的表述上。

作者在叙述人物语言时，没有就说话者说话时的情感、状态、神态作多余描述，而是施以模糊处理：如“丫鬟笑道”“宝玉笑道”“林黛玉笑道”……这种貌似单调的表述，却并未让读者产生乏味感。究其缘由，除了古典小说特有的简练、干脆的文字特质外，更在于这样的言简意赅处，正是作者在行文上有意所作的留白处理。这种“留白”赋予文本新的生命活力。

我们知道，任何一种情绪都是极具个性色彩的。虽然都是“笑”，终不过是形式上的一致，内容却是有差别的。不必细思，我们便可推断出林黛玉作为大观园里饱读诗书的小姐，与丫鬟们在精神层级上自是不对等的，所以林黛玉的“笑”与丫鬟的“笑”绝不会停留在同一情感层面。作者笔下的“丫鬟笑道”与“林黛玉笑道”看似同一化的处理，实则调动了读者对文本的自觉想象。也就是说，“笑”字在此处留下了言语的空白，读者结合自身体验及对人物的主观认识，将对此处不同人之“笑”作个性化补充。

二、对比冲突中刻画人物

《红楼春趣》给读者带来一种非常热闹的感觉。这种氛围的成功营造，在于所述场面里出现的众多人物：丫鬟们、宝玉、紫鹃、探春、黛玉、宝钗、宝琴、翠墨、李纨。

这些人物的“亮相”，大多是以“语言”（说话）的形式呈现的。即没有任何关于人物外貌、心理等方面的刻画，唯有各人物的语言。而且，作者在叙述这些人物的语言时，笔力是均等的。若从影视角度对这一片段加以赏析，即每个出场人物的“戏份”是均衡的，并无主次角之分。

来看这一段——

宝玉笑道：“我认得这风筝。这是大老爷那院里娇红姑娘放的，拿下来给他送过去罢。”紫鹃笑道：“难道天下没有一样的风筝，单他有这个不成？

我不管，我且拿起来。”探春道：“紫鹃也学小气了。你们一般的也有，这会子拾人走了的，也不怕忌讳。”黛玉笑道：“可是呢，知道是谁放的晦气的，快掉出去罢。把咱们的拿出来，咱们也放晦气。”

这段文字中，出现了宝玉、紫鹃、探春、黛玉。各人均有说话，从叙述分量上看，很难判断出哪个人物是主要的，哪个是次要的。通俗而言，我们分辨不出哪个是“女一号”，哪个是“路人甲”。缘何产生这种文字效果？因为作者在安排各人物的呈现方式时均采用语言描述，而非对具体人物肖像、心理等的刻画。

这类文字在该篇选文中占了大部分篇幅。

值得注意的是，唯有两个人有独自的情节——贾宝玉与林黛玉。这足见曹雪芹对这两个关键人物的青睐。然而，作者这番创作感情的倾斜却是十分隐晦的。

有了特定情节的描述，这两个人物在众人物之间的形象便凸显出来。这种凸显，看似作者无意为之：宝黛各自所占的情节散落于前文所述的模糊场景描写之中，并非集中呈现。作者这种铺排，大有“姜太公钓鱼——愿者上钩”的用意。“上钩”的读者在读这篇选文时，目光会无意识地停留在宝黛二人身上，因为他们拥有属于自己的独立情节。

具体来看这类文字——

所属贾宝玉的情节大致有如下几处：宝玉叫丫鬟们取来自己的风筝，却接连两次失败，最后拿来一个美人样式的风筝；宝玉的风筝放不上去，众人嘲笑他，宝玉急得头上出汗，扬言要将其“跺得稀烂”；林黛玉的风筝放走后，贾宝玉恐飞走的风筝寂寞，便把自己的风筝也放走了。

因了这三处情节，宝玉这个人物形象便丰满起来：其稚气、惜物、善感的性格特点便跃然纸上。

关于林黛玉的独立情节集中体现在这一处：她自己不放，要丫鬟们放。作者如此描写的用心，也是颇为隐晦的。在选文第二段，作者便告诉我们，此次放风筝是林黛玉提议的——“把咱们的拿出来，咱们也放晦气”。当众人都开始放风筝时，林黛玉却没有参与。通过这句“紫鹃笑道：‘这一回的劲大，姑娘来放罢’”可判断，此时的林黛玉才接过线来放风筝，可见她之前是没有参与的。

读到这里，读者不禁感到奇怪：依旧例习俗，放风筝是为了放晦气。照理说，林黛玉在众姊妹中体弱多病，她应该是最需要借此“放晦气”的。在后文中，曹雪芹借李纨之口也说出了读者所想。林黛玉却迟迟没有参与。此时，人物的实际行为与心理之间拉开了距离，我们称之为“错位”，其中蕴含的是一种文学的审美。我们的阅读目光，由此处的“错位”，从对事件本身的关注转向对人物（林黛玉）内心的观照。

后文林黛玉说：“这一放虽有趣，只是不忍。”注意“不忍”二字，何谓“不忍”？恻隐之心也。与之相对的，则是面对残忍之举的无动于衷。大观园一众人等，皆为放风筝而感到“有趣”。唯有黛玉，却看见了这种“有趣”背后的“残忍”。因为在黛玉心中，“风筝不是无情物”，放走风筝，就是放走一个有血有肉、有情有义的生命。

林黛玉敏感、多愁、多情的生命气质，便体现在这种看似反常的言行与思想中。

类似的地方，在选文最后也有体现：“黛玉说：‘我的风筝也放了去，我也乏了，我也要歇歇去了。’”在众人沉浸于享乐与欢聚时，林黛玉却“乏了”。她许是真的身子“乏了”，结合《红楼梦》不难想见，此时的林黛玉更是“心乏了”。曹雪芹在《红楼梦》中对林黛玉这一人物的刻画，有多次这样的暗示——林黛玉是喜静不喜闹的。

作者隐晦地将贾宝玉与林黛玉的戏份穿插在人物对话里，展现出此二人有别于众人独特的精神气质。这种文字的铺排与剪辑，看似无心，实则有意。

三、隐喻与象征

在这篇选文中，作者提出“风筝”这一独特的意象也是颇费心思的。之所以说“风筝”在此处是一个“意象”，旨在说明它并非寻常所见的客观事物，而是经过作者匠心雕刻后形成的一个承载作者创作意图的工具。

来看各人的风筝：探春的风筝是凤凰，凤凰是高贵、权力的象征，这与探春日后的远嫁皇族是相照应的；宝琴的风筝是大红蝙蝠，不但有具体形状，而且颜色为喜庆的大红色，给读者强烈的视觉冲击，它契合薛宝琴的身份；宝钗的是“一连七个大雁”，作者原文是“却是一连七个大雁”，注意“却是”二字，这里加入了作者的情感，有种意料之外的惊讶感，宝钗的风筝之铺排，是连作者都要感到“意外”的。

黛玉也有风筝，曹雪芹却没有告诉读者她的风筝究竟是什么样式、颜色的。这是作者的疏漏吗？非也。朱光潜先生说：“艺术的最高境界都不在热烈。”林黛玉的风筝理应与她整个人物的精神气象相契合。作者在林黛玉风筝的描述上有意作了模糊处理，这是一种刻意抑制的笔法。林黛玉的风筝如果有了具体形状，有了既定的颜色，不仅读者阅读时的想象毫无空间，她这一人物在整部作品中的空灵感更要大打折扣。在《红楼梦》里，非但林黛玉的风筝是无形的，就连其着何服饰，作者也是有意回避的。用意何在，供诸君思量。

点　评

读《红楼春趣》，先要破“红楼春趣”，这是作者的法眼所在。破什么？破课题。破课题的什么？破课题的“春趣”。解读一旦在“春趣”上着力，则《红楼梦》之魂必将失于庸俗、丧于浅陋。《红楼梦》之魂，自然全在人物。《红楼梦》人物，机轴全在宝黛。作者法眼如炬，一扫“春趣”迷雾，引领读者从一众人物中看见宝黛、眷注宝黛、品读宝黛。其解读秘籍，一在“寻找缝隙”，众人皆以放风筝为乐，唯独黛玉“只是不忍”，何故？二在“发现矛盾”，众人皆道放风筝有趣，唯独宝玉“替他寂寞”，何故？三在“揭示隐喻”，众人所放风筝皆有具体形制，唯独黛玉的风筝无形无制，何故？答案自然不在文中，却在每一颗柔软易感的心中。故此，与其说“因为懂得，所以慈悲”，莫如道“因为慈悲，所以懂得”。

“失真”更显真性情

——范仲淹《江上渔者》解读（统编语文六下）

江上渔者

（宋）范仲淹

江上往来人，但爱鲈鱼美。
君看一叶舟，出没风波里。

提及范仲淹，实无法回避其“居庙堂之高则忧其民，处江湖之远则忧其君”“先天下之忧而忧，后天下之乐而乐”之句，范公此语对后世仁人志士产生深远影响。

一首《江上渔者》，时值范仲淹主政苏州所作。传闻范公为治水患，于当地察看水情，见江上渔舟浮沉于浩渺风波之中，目之所见，有感于心，遂慷慨赋诗。此诗所抒之情，正是范公所谓“进亦忧，退亦忧”之所在。

此五绝凡廿十字，字句质朴无华，无半句不通，然为读者带来的心灵撞击却是强烈的。究其缘由，在于看似简单的字句间实则隐藏着作者多重“失真”与对比的创作手法。字面上的“失真”带来的是感情上的“真”；截然不同的生存状态的对比，构成欢者愈欢、悲者愈悲的艺术效果。

此诗字面意思是浅显易懂的，然而所含的感情却是浓郁而深沉的，读罢大有“言有尽而意无穷”之味。这种艺术余韵，可谓整首诗的抒情张力。及至今时今日，其感情仍是鲜活、动人的。

第一、二句，“江上往来人，但爱鲈鱼美”，其“失真”之处在于：此句所言过于“绝对”。这句话的字面意思是，江上来来往往的行人，都只爱鲈鱼的鲜美。这种说法在逻辑上是不通的。江上来往的行人是否有不爱吃鲈鱼的，亦未可知。诗人何以作出如此草率之论呢？然而，将后两句合起来读便不难发现，此处唯有通过这般极尽夸张，将“全部”“往来人”与后半句“一叶舟”在数量上形成强烈对比，方能最大限度地产生艺术抒情效果。

后文提到，诗人关于“一叶舟”的描述也是“失真”的。然而，这种判断是从实用角度而言，在艺术角度上审视“往来人”与“一叶舟”之间的悬殊对比，便产生了一种艺术审美效果。在两者悬殊的对比之下，渔者生存的艰辛及生命的卑微得到最大限度的放大。

此二句与第三、四句遥相呼应。“往来”，尤言来往行人（爱吃鲈鱼之人）数量之多，与第三句“一叶舟”形成对比。值得一提的是，对于“但”字，实不可等闲视之。只此一字，将渔者为营生奔走之艰辛写至绝处。换言之，吃鱼人所念之事，唯有鱼肉之甘。至于捕鱼人之生死，是无人问津的。渔者形象之卑微可见一斑。

第三、四句，“君看一叶舟，出没风波里”。前两句的叙述语气在此处转为祈使之意，使原本清简的五言之绝在形式上更多了一层起伏变化，不至于落入板滞。

“君”字看似尤仅对“江上往来人”所言，殊不知，此二句实则隐含着对一切读者的劝勉。此句“祈使”之意下，更有诗人对出没风波之渔者命运悲辛之深切感叹。它与“谁知盘中餐，粒粒皆辛苦”之句互映成趣。

此二句诗不仅完成了语气上的转变，更有视角上的转变，让读者的视线由“江上”（岸上）转至江面，由近及远。由此，“一叶舟”出现于读者视野中，而且成为唯一意象，更无他物。

对“渔舟”“唯一性”的描述，便是此诗第二处“失真”。读者不禁要问：既然“往来人”皆爱吃鲈鱼，那么捕鲈鱼之人应该不在少数，至少不会出现此诗所描绘的“一叶舟”之现象。所谓“吴王好剑客，百姓多疮瘢。楚王好细腰，宫中多饿死”，古代劳动人民在世间营生，多的是这般“闻风而动”“身不由己”。很显然，诗人此处对江上其余的渔舟作了艺术化处理，将其有意屏蔽于读者视线之外，唯将此“一叶”渔舟入诗。这便涉及中国古典诗词创作中关于意象在数量上“多”与“少”的问题。

温飞卿有诗云：“过尽千帆皆不是，斜晖脉脉水悠悠。”此诗为抒发闺怨之情而作。独倚江楼的女子，为了等待远人归来，其期盼之切，导致远望的目光是飘忽不定的，于江面上来来往往的船只之间穿行。这种因等待所致的视线飘忽，最终在视觉上表现出“过尽千帆”这一状态：尤言等待之人因内心强烈的焦虑与切盼，导致目光飘忽不定，望望这一叶小舟，不是要等的那个人，再望望那一叶小舟，仍不是那一个人……设若此时作者选“孤帆”入诗，整首诗的意境则呈现出一种清悠平静，与所述主体（“独倚望江楼”之人）此时慌乱的心境是不相符的。唯有借“过尽千帆”之“乱境”，才能表达等待之人内心之“乱”。

同样以“行舟”为抒情意象，李白诗《黄鹤楼送孟浩然之广陵》亦有一句：“孤帆远影碧空尽，唯见长江天际流。”黄鹤楼为古代三大名楼之一，往来宾客必不为少数。且时值盛唐，长江之上，理应往来船只繁多。可见李白此句所言“孤帆”实不足信，他是借此营造出一种“空境”。由诗题可知，此诗从属于中国古典诗歌中的“送别诗”之列。“送别诗”的传统主题，所抒之情多为“离愁别恨”。李白在此句中有意缩减视域范围，屏蔽其余一切客观事物，唯将目光焦点锁定在一叶“孤帆”上，是为抒发对友人的依依惜别之情而有意为之。其意在表达，纵使江上往来船只如许，然在此时的诗人眼中均为不见，满心满眼里唯有友人的那一叶孤帆久久牵引着自己目送的眼光。若此时李白不写“孤帆”，代之以“千帆”，其此时内心因友人离去所致的寂寥便无立足之境，与全诗的整体语境也显得格格不入。

合看此二例，不难发现，中国古典诗词中描述数量之多寡，实与诗人当下的心境密切相关。

“君看一叶舟”一句，亦为经作者艺术处理后所作。若此句之“一叶”换作“众多”，诗人此时的凝重深思及内心对劳动人民辛劳生活的沉郁关切，便因意象的繁多而最终稀释。

点 评

所谓“失真”，实为“无理而妙”。所谓“无理”，即违背认知常理；“无理而妙”，即遵循情感逻辑。因此，失真所失，失在常理；失真所用，用在真情。这是解读古典诗词的不二法门。作者在此特为拈出，笔笔在情，语语见道，其深心由此可见一斑。如作者言，“但爱”无理，岂有江上往来人只爱吃鲈鱼之理。然正是这无理的“但爱”，凸显了诗人对社会不公的忧愤之情，此即无理而妙。是作者内心的强烈情感扭曲了所谓的常理，但也正是这样的失真，将诗人的真情推向极致。同样，“一叶”无理，既曰但爱鲈鱼美，自有熙熙攘攘为利奔忙的“十叶”“百叶”乃至“千叶”，岂独“一叶”乎？然正是这无理的“一叶”，强化了诗人对底层百姓的悲悯之情，此即无理而妙。所妙者，全在仁者的一腔真情。教学若能紧扣此二处失真，便能引导学生抵达诗人忧民忧天下之深心。

歌颂还是讽喻?

——韩翃《寒食》解读(统编语文六下)

寒　食

(唐)韩翃

春城无处不飞花，寒食东风御柳斜。
日暮汉宫传蜡烛，轻烟散入五侯家。

《左传》记载有介之推不言禄一事：春秋时期，晋国公子重耳流亡期间奄奄一息，介之推割股以为食。重耳回国后，荣登帝王宝座，酬劳功臣，唯遗漏介之推。介之推亦不邀功求赏，即“不言禄，禄亦弗及”。遂携同老母隐居绵山之深。相传晋文公为逼介之推出山，不惜纵火烧山，介之推终被烧死于山林。

晋文公感念其忠臣之志，将其葬于绵山，修祠立庙，并下令是日举国断火而寒食，以寄哀思。此即寒食节由来。

然而，当下的今日，“寒食”二字蕴含的中国传统与文化多为人淡漠。即便了解“寒食”一说由来的人，对其中沉淀的中华民族朴素的情怀也颇为茫然。私意以为，“寒食”不只为介之推一片赤诚忠心、不为权贵所动的高洁品格而设，更有晋文公对自己也对后来君主的劝诫：居高位是因了臣子的忠心与自我牺牲，方才得以稳坐江山。此孟子所谓“民为贵，社稷次之，君为轻”是矣。然而，封建社会底层百姓多的是“四海无闲田，农夫犹饿死”“可怜身上正单衣，心忧炭贱愿天寒”“家田输税尽，拾此充饥肠”的艰辛，百姓苍生苦不堪言，王侯将相却繁荣享尽。杜子美诗“朱门酒肉臭，路有冻死骨”，实非过辞！

唯有读者心中对“寒食”有此番思量，方能在这首以“寒食”为题的七绝中，从“寒食”这一中国传统文化符号中淬炼出此诗的灵魂。

一首诗的优劣，要看其是否在有限的字句间表达了无限的内容。诗的气象、格局便在这“无限”里生出差异。刘勰在《文心雕龙·明诗》篇中指出：“人禀七情，应物斯感，感物吟志，莫非自然。”但凡人皆是有感情的，此佛经所谓“有情众生”。这种感情的激发，因“春风春鸟，秋月秋禅，夏云暑雨，冬月祁寒”而起。一首好诗里，便深藏着这诸般足以令读者动容的万象。

对《寒食》一诗的主题，有过不同解读。若以西方接受美学角度观之，这种现象是可以理解的。接受美学说指出，一个作品完成后，不同的读者因自身阅历及艺术修养的差别，将对作品作出不同深度的解读。

对《寒食》一诗，有一种主题认为：该诗是对皇室承平气象的歌颂。据资料记载，韩翃因此诗为唐德宗赏识，被提拔至中书舍人。可见，关于此诗属“歌颂”之作一说“有据可循”。另一种解读则将此诗归于“讽喻”类。

窃以为，中国古典诗歌中虽有“意象”一说，然而它与西方现代诗所指的“意象”是不同的。中国诗歌文化有一个相当漫长的积淀与传承过程，这决定了很多词语除其本义之外，更有一种历代相传的文化意义。如“月亮”这一意象：中国诗词中但凡出现“月”这一意象，多与“团圆”有关，并衍生出“思念”这一感情色彩。也就是说，“月亮”在中国诗词中出现并不以“自然天体”这一天文概念存在，更因一种中华民族传统文化基因，“月亮”二字形成一种文化概念。西方因为没有这样的文化传统，便无法像中国人那般在读“月亮”诗词时自发地开启联想机制而迅速作出主题判断。据说，法国的“月饼”并非“圆形”而是半月形，文化差异由此可见一斑。

举此一例，旨在提醒读者：解读中国诗词作品时，勿要忘记将一己思考纳入中国传统文化的范畴再作多元化解读。脱离中国传统文化来谈中国诗词的解读无异于空谈，这是读者解读中国诗词最基本的文化自觉。若在这种文化自觉机制下解读《寒食》一诗，关于其究竟属“赞誉诗”或“讽喻诗”，便不难作出判断。

本文持后一种观点，即此诗为“讽喻”之作。

第一句，“春城无处不飞花”，此句点明了时令已为春日。读中国诗词是需要联想的，唯有这样，诗句中的画面才能开拓。看到的是一句，想到的须是与之相关的更多句。此句中蕴含着一种春光潋滟而无边的气象：“千里莺啼绿映红，水村山郭酒旗风”“胜日寻芳泗水滨，无边光景一时新”。对比来读，便不难发现此类诗句里的春色一派清新明丽，视野则是阔大的：“春城”非特指，是指整个都城，尤言整座都城皆为春色笼罩。

“无处”二字更写出诗人此时视线的蔓延，即诗人此时的目光并非聚焦于某一处静止不动，而是放眼整座被春色铺展的都城。此句中不仅有诗人视线的移动，更有“飞花”的动感。是何种花在飞？诗人未曾言明，只因放眼都城的视野是阔大的，更是移动的，属于“面”的描写。这样的视野下，又如何看得清楚具体是何种花？“春城无处不飞花”，漫天春花飘飘飏飏，春满人间可知也！

第二句，“寒食东风御柳斜”，此句由第一句对“面”的铺陈转而对“点”的刻画，即诗人“放眼春城”的视野缩小了，聚焦到具体的“点”上。“点”，则意味着“具体”。首先，是时间上的“具体化”：第一句只交代作诗的时令是“春日”，未言明具体的日期，第二句则将朦胧的时间（“春”）具体化，落实到“寒食”这一日上来。其次，是地点与事物上的“具体化”：此句承接上一句对春光的描述，由“无处”这种抽象化的视角聚焦在“御柳”这种具体的植物上。若将此句与第一句合起来读，则衍生出对第一句更细致化的解读，即“春城无处不飞花”之“花”实指“柳絮”。

“年年二月暮，散乱杂飞花。雨过微风起，狂飘千万家。”柳絮因风起，漫天飞舞，是春天里一种特殊的美景。此句中的“柳”，将前句的“飞花”暗中联系起来，各自成为统一意境的有机部分。此句中更有地点的“具体化”：诗人写的并非寻常道旁的柳树，而是“御柳”。“御”字在中国封建社会代指君主，如“御宇”“御前”。此“御柳”指皇宫内的柳树，也就是说此句实现了视线的转移，将目光由“春城”的普遍性聚焦于“皇宫”这一具体地点的“唯一性”。

第三句，“日暮汉宫传蜡烛”，叙述再次“具体化”，较前句更为精确。首先，是时间上的又一次“具体化”：由前一句的“寒食”之日细化到“寒食”之日的具体时间段：黄昏时分（“日暮”），尤言天色将晚。其次，地点上更为确切：“汉宫”。“汉宫”指当时的皇宫。唐人作诗，多以“汉宫”代指唐王朝。如白居易《长恨歌》：“汉皇重色思倾国，御宇多年求不得。”写的是唐玄宗与杨贵妃之事，然而却言“汉皇”。读古诗词，要特别留心诗人在入诗时的深幽表达。此句中的第三处“具体化”，出现了具体事件：传蜡烛。整句诗的意思为：寒食节的日落时分，皇宫里开始传递蜡烛。然而，根据本文开篇对古人寒食一日传统的回顾，细心的读者不禁要问：此日既是“寒食”，理应不允许燃火，“日暮汉宫传蜡烛”所为何事，又传与何人？

此句的描述与诗题“寒食”之间出现矛盾，让读者心理产生疑问与期待。就结构艺术而言，此句让整首诗的意脉免于平淡。

第四句，“轻烟散入五侯家”，由“轻烟”二字让我们联想起前人诗句，如杜子美诗云：“朝来新火起新烟”，苏东坡更有“卧皋亭中一危坐，三月清明改新火”一句。唐宋时期，便有清明节赐百官新火的习俗。

结合这种传统，可断定此处的“轻烟”亦指朝廷赐予的“新火”。据前人诗句可知，“轻烟”为清明日所见，此诗却为“寒食”之日所述，岂非矛盾？

非也。寒食断火，乃是对绝大多数的平民百姓而言的。至于皇亲国戚、达官贵人，则享有“新火”的特权。看似矛盾之处，恰是作者深意所在。

据《后汉书·宦者传》记载，两汉时期均有当权的外戚或宦官，称“五侯”。此句中的“五侯”沿用两汉时期“五侯”之典，指获圣宠的王族权贵。元稹“特敕街中许然蜡”一句，所指便是“五侯”们所享的“特权”。

读至此处，便可理解诗人视线发生转移的用意所在：在第一句中，对太平春光的全景描写是短暂的，从第二句起至最后一句则转入对皇室及权贵之家的特写。也就是说，由整体转入部分。

在文学创作中，未入选的部分包含着作者两种不同的用心。其一，为割舍，即此部分不为我所用，故舍去。其二，看似割舍，实则为了强调。此诗属于后一种情况：诗人在“无处不飞花”的春光无限中选择“皇室”入诗，也就意味着省略了与之相对的普通百姓这一部分。皇室的普降恩泽，并非人人可享，唯有“五侯”，即受恩宠的士族权贵才能获得这般恩赐，普通百姓是无福消受的。

可见，韩翃一诗并非为歌颂太平而作。作品中反映出对特权阶层的批判，也是对黎民百姓的共情。

点　评

作者对此诗解读的精髓尽在“多元有界”四字上。确如作者所言，《寒食》一诗，有解为“歌颂”者，亦有解为“讽喻”者。解为“歌颂”者，尚有重在歌颂“天下承平”与重在歌颂“皇恩浩荡”之别；解为“讽喻”者，亦有讽喻皇亲国戚滥享特权与讽喻平民百姓寒苦凄凉之异。然多元解读一旦失序，就可能沦为误读、偏读甚至错读。因此，解读边界、批评底线的确立就显得尤为重要。诚如作者所言，脱离传统文化语境，解读古典诗词无异于空谈。愚以为，作者所言的“传统文化”语境便是解读《寒食》的边界与底线。寒食禁火，乃是举国礼制。但正是寒食日暮，皇宫却在传火，“五侯”却在用火。那么，这是在“歌颂”还是在“讽喻”呢？其实，最后的边界乃是解读者的立场。站在统治者的立场，这便是皇恩浩荡的具体表现；站在被统治者的立场，这便是滥享特权的现场铁证。故此，立场的自觉乃是解读的最终底线。

“语浅”而“情深”

——《迢迢牵牛星》解读（统编语文六下）

迢迢牵牛星

迢迢牵牛星，皎皎河汉女。
纤纤擢素手，札札弄机杼。
终日不成章，泣涕零如雨。
河汉清且浅，相去复几许。
盈盈一水间，脉脉不得语。

《迢迢牵牛星》选自《古诗十九首》，入选统编小学语文教材六年级下册第三课《古诗三首》。本单元的导语为：“百里不同风，千里不同俗。”很显然，将《迢迢牵牛星》一诗放置本单元，编者意欲将其作为“七夕节”这一中国传统节日的载体。

七夕节，源于中国民间传说“牛郎织女”的故事。天上的织女以织云锦为己任，一日凡心偶炽，下人间与牛郎私订终身。此举终不容于天庭。于是，天帝将织女召回天宫，责令其与牛郎分离，并以银河为界，准许牛郎、织女二人在农历七月初七日方可会面。

“牛郎织女”的故事，已然成为中国传统文学中的爱情母题。同类题材作品中，除《迢迢牵牛星》一首外，有秦观《鹊桥仙·纤云弄巧》一首堪称经典。为了解读出具体作品在同类题材中的独特之处，现将两首诗加以对比赏析。

鹊桥仙·纤云弄巧

（宋）秦观

纤云弄巧，飞星传恨，银汉迢迢暗度。
金风玉露一相逢，便胜却，人间无数。
柔情似水，佳期如梦，忍顾鹊桥归路。
两情若是久长时，又岂在，朝朝暮暮。

不难发现，与秦观词相较，《迢迢牵牛星》一诗的语言质朴、单纯，篇章色彩是素雅的。秦观词充满浪漫主义色彩，“纤云”“金风玉露”“柔情似水”“佳期如梦”等处均可看出作品的华美色彩。

从创作手法而言，《迢迢牵牛星》大量运用精致的白描手法，从织女的行为动作处着笔，不曾施以议论与说理；秦观一词则加入“两情若是久长时，又岂在朝朝暮暮”的直接抒情句，情感是浓烈的。

《迢迢牵牛星》在“牛郎织女主题”的作品中，其艺术特色在于创作视角的独特性。

通过同一主题下不同作品的比较，不难发现，绝大部分此类题材的诗词是以第三人称视角描写的：作者作为一个“置身事外”者，客观叙述牛郎织女的故事。在此类诗词中，“牛郎”“织女”是作为客观天体存在的。如杜牧诗“天阶夜色凉如水，坐看牵牛织女星”。牛郎织女的故事，是诗人所“看”的客体；《迢迢牵牛星》一诗中，“织女（星）”由客观天体被诗化为具体女性形象（“河汉女”），整首作品更似“河汉女”的一段独白，作品因而有了“人”的温度。也就是说，在《迢迢牵牛星》一诗中，作为作者的“我”在作品中消解了，与“河汉女”融为一体，悲其所悲，感其所感。

不少教师在解读《迢迢牵牛星》时，将目光锁定在“叠词”的使用上，言之继承了《诗经》惯用“叠词”的创作手法。窃以为，这仍属于“内容”层面的分析，是作品中“人人看得见”的外显部分。殊不知，一首诗之所以动人，并不在于它凌驾于多少“文学创作”技巧之上，更在于“这一首”诗里，因为对一些词语或者句子的妥帖适用，让“作品”成了“这一个”，而非“这一类”。

这首诗中，叠词的使用之所以巧妙，不在于“叠词”本身，而在于这一形式与整首诗的意脉达到高度统一。

“迢迢牵牛星”“皎皎河汉女”“纤纤擢素手”“札札弄机杼”“盈盈一水间”“脉脉不得语”中，无一个难字，读来句意了然于心。其中蕴含的是一种非常朴素的情怀，如孩童的说话，往往也喜欢用叠词。小孩子对叠词的使用，呈现出的是一种源自天性的“可爱”。但同样是叠词，出现在这首诗里依然呈现出一种“可爱”吗？当然不是，它与整首诗的意境相辅相成，构成质朴、干净的文字风格，是艺术上的返璞归真。

假若将这些叠词用其他词替换，如秦观笔下的“纤云”“金风玉露”“柔情似水”……这类华美之辞整首诗的质感将变得艳美。作品中出现的颜色多了（“金”“玉”），作者感觉具体、丰富了（“柔情”），然而质朴的语言风味却消失了。

为了保持整首作品的“质朴”，诗人除了使用叠词外，在对其余词语的使用上也颇为讲究。

迢迢牵牛星，皎皎河汉女。

“皎皎”尤言皎洁、干净之意。然而，这全然为诗人的一己想象。谁也未见过天上的织女。若从现代西方文论的“读者中心论”来说，一千个读者眼中便有一千个哈姆雷特。那么，不同的读者眼中，“织女”的形象是不一样的，这一概念具有无限想象的空间：她可以艳美，可以素雅，可以沉静，可以活泼……这属于读者对文学现象的“再创造”，反映出读者艺术素养与思维倾向的个性化。

《迢迢牵牛星》一诗中，诗人笔下的“织女”形象趋于一种“静美”。通过“皎皎”一处，读者会联想到“皎洁”一词，提到“皎洁”则会联想到月光。月光这一事物，在文学作品中时常象征“缥缈”与“干净”。在诗人笔下，以“皎皎”描绘“织女”，既有写实的部分，即“织女星”是“皎皎”的，也是诗人的一种想象，即“织女”（“河汉女”）像月光一样柔美而素净。

纤纤擢素手，札札弄机杼。

注意诗人对“织女”手部的特写，用了“纤纤”“素”等词加以描述。“纤”字既可作“纤长”解，更可理解为“纤细”，给人的感觉皆为“娇柔”。“素”字在此则不仅仅是比喻一种“素白”的颜色，更有一种干净的、不加修饰的高洁之感，让人联想到莲的“濯清涟而不妖”。此时诗人笔下的“织女”正是这种“不妖”的形象。

终日不成章，泣涕零如雨。

织女相传是天宫中的巧手，“家家乞巧弄秋月”，人间之姑娘在七夕节都欲向天上的织女学习织布的手艺。“终日不成章”一句则引出一处疑问：手巧的织女，缘何一天都织不了一张完整的布呢？

此句的描述，属于文学创作中的留白。其所致的艺术效果是将诗由平面化的描述引向纵深上的抒情——读者在这一处留白中，将思考“终日不成章”“泣涕零如雨”的原因。

“泣涕零如雨”，描写织女哭泣的状态。很显然，她哭得颇具诗意。“零”字尤为关键，它将织女落泪时的状态与整首诗的意脉实现统一。自然，雨分很多种，斜风细雨是雨，零星小雨是雨，倾盆大雨也是雨……此处若将“零”字替换，如“泣涕落如雨”，“雨”就成了一种客观事实，因“落”字，整句诗的外延扩大了：此句意在说明织女的眼泪“如雨”，是“倾盆大雨”“斜风细雨”或是“零星小雨”并不清楚，诗人未作限定，读者完全可以由“雨”字任意发挥想象。“泣涕零如雨”中的“零”字，则让诗句意境具备“唯一性”：“零”字象征“零星”“零落”的稀疏感，与整个作品呈现出的“浅”的意境是和谐的。

河汉清且浅，相去复几许。

“清”“浅”二字的文字色彩是素净与淡雅的，不着任何颜色，几乎全然透明。这种“清浅”之感，让读者想象出的“河汉”（银河）如清澈的溪流一样，并非不可逾越的大江大河。设若此处描写“河汉”，采用刘禹锡的笔触：“九曲黄河万里沙，浪淘风簸自天涯。如今直上银河去，同到牵牛织女家”，则整个“河汉”呈现出澎湃的动态之美。这种力量感将破坏《迢迢牵牛星》一诗的“清浅”意境。

“清且浅”一处尤言：对于“河汉女”，“河汉”不是望不见底的深渊，它不仅清澈，而且十分“浅”，仿佛可以轻松跃去对岸。“清且浅”更意味着视觉上的“近”，也就是说，“织女”与对岸的“牛郎”是近距离的，可彼此相望。

设若二者相差十万八千里，彼此之间的“思念”因为这种遥不可及的远距离显出一种纯粹的“相思之苦”。此句由“清浅”二字，传递出一种更“深重”的“相思之苦”：因为“织女”与“牛郎”之间的距离是“近”（“清且浅”）的，甚至可以彼此相望，如此“近距离”的相隔，相恋之人却无法相近，这种“最遥远的距离”最终酝酿出沉重的相思之情，因而呈现出悲剧美。

此句中隐含着一种矛盾，矛盾往往是作品感情冲击最强烈的地方。此处的矛盾是：既然“织女”与“牛郎”间仅有一条“清浅”银河相隔，他们为何不渡河相见呢?

“牛郎织女”的故事构成读者的某种共同视域，即已认同牛郎、织女受天条限制，平日是不可相见的。在这种规则下，织女面对虽然“清且浅”的银河却不敢逾越天规，唯有彼此相望，默默承受这种相思之苦。读者需要明确的是，此诗中的这种“悲剧性”，并非《哈姆雷特》中那般热烈，而是“清浅”的。

盈盈一水间，脉脉不得语。

最后一句，诗人对“织女”与“牛郎”可望而不可即的感情进行深化。“盈盈”与上句的“清”“浅”语义相同，均意味着距离上的“相近”。即使距离是“近”的，二者却终不可相见两依依，徒留“脉脉不得语”的无奈。此句中的“不得语”三字是有弹性的，实则说明心里是有所“语”的，恋人之间的千言万语最终什么都不可言说（“不得语”），这是一种极度悲哀后的沉寂。

分析一篇作品，仅对篇章结构作微观分析是不够的，最终要回归到宏观的主题上来。“牛郎织女”作为文学经典主题，在各类作品中并不少见。这导致读者面对单篇作品时不由自主地受到思维惯性的牵制：惯于将这类主题下的作品作出“对美好爱情的歌颂”这一概括性的归纳。

读者只需稍作思考，便会发现这种主题归纳的不足：我国古代四大经典传说《白蛇传》《梁山伯与祝英台》《孟姜女》及《牛郎织女》，无一不适用于“对美好爱情的歌颂”这一笼统性概括。也就是说，解读具体的文本要有意识地避免受思维惯性的遮蔽。对单个文本作“细胞分析”，才能最终将具体文本的唯一性从普遍性中分析出来。

就《迢迢牵牛星》这一具体文本而言，其题材确乎属于“牛郎织女”这一传统范畴。然而，结合文本来看将发现这个推断有失偏颇。

全诗绝大部分是对“河汉女”单方面的描述，只有“迢迢牵牛星”一句出现了“牛郎”一方。很显然，在这首诗中，“牛郎”这一人物并非诗人的描写对象。

整首诗共十句，其中九句属于对“河汉女”形象的白描，她才是此诗唯一的抒情对象。此诗虽隶属“牛郎织女”这一传统主题，然并非为“歌颂牛郎织女美好的爱情”而作。结合文本，不难作出判断：此诗实则为歌颂织女对爱情的忠贞与守望而作。诗人借“叠词”这一质朴的语言形式，营造出一种“清浅”的诗境，并在这种“清浅”之境中传达出对纯净爱情的深情。

点 评

寻找、发现、深挖文本的“这一个”，乃是作者解读此诗的立根处、着紧处、用心处。与同系列的“牛郎织女”相比，此诗将笔墨集中在“织女”一人，此乃题材上的“这一个”；与同主题的“歌颂爱情”相比，此诗抒写的是织女相思的凄苦、相爱的执守，此乃旨趣上的“这一个”；与秦观的《鹊桥仙》相比，此诗用语浅近、抒情节制，此乃风格上的“这一个”。“这一个”的交汇点，则是以极清浅的笔墨抒写极深郁的相思，这是此诗掩藏最深的“这一个”。就“这一个”而言，所有描写“牛郎织女”题材的作品无人能出其右。

无端之问　问而无问

——黄庭坚《清平乐·春归何处》解读（统编语文六下）

清平乐·春归何处

（宋）黄庭坚

春归何处？寂寞无行路。若有人知春去处，唤取归来同住。

春无踪迹谁知？除非问取黄鹂。百啭无人能解，因风飞过蔷薇。

中国文学之“诗”与“词”，实属相互独立、各具特质的两种文学形式。就其兴起之历史背景而言，二者有着质的区别。由“诗言志”之说略可推知，“诗”这种体式承载着“言志”的使命，即诗人作诗属于“主动”的行为。

“词”最早兴起于酒楼歌坊之间，属于“歌辞之词”，原是词客们为时下流行曲乐填写，供歌女歌唱所作。由此可知，词人填词有某种“被动”成分。故黄山谷称词这种文学形式作“空中语”。

然而，关于“词”创作动机的“特殊性”，叶嘉莹先生曾发表过独到见解——

这类本无“言志”之用心的作品，有时却反而因作者的轻松解放的写作心态，而于无意中流露了作者潜意识中的某种深微幽隐的心灵之本质，而因此也就形成了小词中之佳作的一种要眇深微的特美。

词有一种特别的功能，它可以表现一种难以言喻的精神和思想境界。

此语在对“词”之鉴赏上，为读者指明了方向。“词”是作者潜意识中某种深微幽隐的心灵本质之流露，散发出一种“要眇深微”之美，与诗歌的“意象”相较，更为隐秘幽深。这便要求读者在鉴赏“词”时力求摒弃对所谓表面意象的机械分析，浑然融觉地沉入“词”境之深幽处，以“我”之心观“词”之“心”。唯其如此，方能体味词之妙境。此佛家所谓“心心相印，即是密意”是也。

《清平乐·春归何处》一词，看似同属中国文学传统“惜春”主题之下，殊不知，若简单作“惜春之作”解，此词“要眇宜修”之妙竟为读者抛却。

此词中，词人对春光流逝的追忆与感叹是表面的，“人人眼中有”。词境更深处，一个寂寞伶仃、不知所以的形象却唯有心人得之。此“形象”是朦胧的、诗意的，因了读者个体身份、阅历、艺术修养之别，更是万变的。读者可将其看作词人自己，亦可因其表现出的落寞寂寥之态想象作一个女子，更可以“心心相印”观之，将自己放入词境，自比寻春寂寞人。

这也是读词之佳境，用周汝昌先生在鉴赏诗词上所言便是“体贴”。读者对诗词之“体贴”，实则是对自我心灵的“体贴”。

上片开篇即词人的一声发问：“春归何处。”“问”在中国古典文学中是一种颇为特殊的文学现象。中国文人在浪漫情操的激荡下，在敏感丰富的心灵驱使下，长于“发问”。宇宙、天地、山川、虫鱼、草木，皆是他们发问的对象。

这是心灵层面上的审美行为，是艺术在生活中的体现：屈子问天，故作《天问》；太白问月，吟得“青天有月来几时，我今停杯一问之”；东坡举杯问苍穹，赋有“明月几时有，把酒问青天”。

这种天地之问，映照出诗人敏感多情的艺术品格。然而，若予以对比，如前所举之问尚有对象（“青天”“明月”），黄鲁直此词“春归何处”之问，却无对象可询，其寂寥洵可知矣！

这种无端发问，在艺术上营造出了一种空境，也便有了想象的空间：仿佛春天与词人之相伴犹在刚才，片刻间，春却不知所踪。“觉来知是梦，不胜悲。”这种消逝，似是突然的、无征兆的，让词人一时不知所措，遂四下追寻，然到底空无一物。纵是要追问“春归何处”，终究无人能说。

值得一提的是，“春”在中国文化传统中实为内涵丰富的概念，并非专指季节。换言之，“春”这一概念有着更为丰富的文化内涵。一切美好光阴年华、人物之间的流连交集，皆可融入“春”里。

由此可知，黄鲁直“春归何处”一问必不只为寻春，更有其丰富内涵，留待读者体贴观照。若此文将隐逸之意豁然述尽，赏词之间岂非索然无味?

此问一发，自然无回音。“寂寞无行路”之“寂寞”二字，不只意指词人此时的形单影只，更为“春归”之后内心一种不可开解的落空与孤独。

整首词的基调，亦蕴藏于“寂寞”二字。它是一种从词人内心深处流淌出来的感情，一种不自觉的怅然若失。“无行路”是一种迷失，一种无奈的迷乱状态。李易安的“沉醉不知归路”，因醉酒而迷途，其迷茫尚有因。然黄鲁直的迷失与茫然（“无行路”）却徒由“春归”后之寂寞而起。词人是清醒的，却经历着此般迷茫，便又添置一层凄凉。

无人问津第一问“春归何处”发出后，因无回音，词人之“寂寞”更深，由前句之疑问转为一份渴望、一种奢求：“若有人知春去处，唤取归来同住。”是啊，若有谁知春的行踪，请替“我”捎去消息，换取春光归来，可好?

这是一位寂寞孤单的寻春人，兀自在道旁迷茫自语。明知人间寂寥，却一遍遍追问春去的消息。可见，词人每一次发问，每一声祈愿，并不为求人来解，徒因满腔“寂寞”无处倾吐，作狂人语罢了。三变词云：“便纵有千种风情，更与何人说。”岂非为黄鲁直流水知音矣!

下片首句仍是一问，“春无踪迹谁知”，询问春之踪迹，却无人得知。可见如今春已逝，“寂寞”之感再次被强调。值得留心的是，此句句式别有滋味。若作倒装句式解，即“谁知春无踪迹”，结合整体词境可知，其在句意上似有不通，应作“谁知春之踪迹”更为相宜。然这种发问不免过于直白，显得板滞，无有情致。可见此句非“倒装”二字可言其妙。

私意以为，“踪迹”二字实属联结“春无”与“谁知”的核心词。它既联结前文“春无”二字，作“春无踪迹”一解，感叹因春光消逝而不可追寻的无奈之情；更与“谁知”相并，即“春无（踪迹），踪迹谁知”。如此一来，此句在情致上便有了多层韵味。

读者诸君切莫作惊异状，词本无句读之说。试举一例，且证笔者此举并非妄为：叶嘉莹先生在《北宋名家词选讲》一书中提到，“词的内容和形式结合起来形成了词的美感。哪里有一个停顿，哪里增加一个姿态，这都与词的美感有很密切的关系……你如果念成‘念桥边红药，年年知为谁生’，就显得比较死板和生硬。要是你念成‘念桥边，红药年年’，停顿在‘年年’这里，再接以‘知为谁生’，就有一种情韵的荡漾”。

叶先生的“情韵荡漾”一说，余深为赞同！也不得不说，这种精微的语感要求对读者是最大的考验。“春无踪迹谁知”，若读成“春无踪迹，谁知”，或“春无，踪迹谁知”不宜深究，亦不必深究，见仁见智耳。然无论何种解读，此句内中的“情韵”最终皆指向首句的“寂寞”二字。

“除非问取黄鹂”，是对上句“春归踪迹谁知”一问的作答。词人并未指出答者何人，词句间留下空白一处，读者便可假以各自想象填补：若词人自问自答，则更显“寂寞”之意；若另有其人为之回应，一问一答间，则使词境平添几分生趣。

“除非问取黄鹂”之“除非”二字也颇值得玩味。“除非”喻义一种绝对性，即除所言之事（物）外，绝无第二种可能。范公词云：“夜夜除非好梦留人睡”，意即“除非夜夜好梦”方可“留人睡”，“夜夜好梦”这一条件是绝对的；刘潜夫词：“若要人生长美满，除非世上无别离”，意即唯有“世上无别离”一种方法，人生方算“长美满”，“世上无别离”这一条件亦是绝对的。

推而知之，要追寻春归踪迹，唯有“问取黄鹂”一法。“除非”句所致的“绝对性”，引起了读者期待，不禁猜想：只需“问取黄鹂”，春之踪迹便可得知，词人因“春归”所致的“寂寞”之情便可消解。也就是说，“除非”句带来的读者期待，更让此词由首句营造的“寂寞”之境陡然出现情绪上的期待。

然而，词人在词境波澜初起时回锋一笔，当即止住。

“百啭无人能解”，可见词人并未再继续“发问”。然而，通过此句“黄鹂”意象的出现，不难断定词人同样向黄鹂作了“春归何处”之问，此又是一问。

“无人能解”，寓示着词人“问取黄鹂”之举实属徒劳。莫要忽视“啭”字。“莺莺夏木啭黄鹂”“流莺百啭最高枝”所造之境皆有清爽、明丽之气象，“啭”实非物理发声上的“啼鸣”之意，实指“鸟儿婉转地鸣叫”。“啭”字饱含情意，其语义通常带有明丽的感情色彩。词人此处借黄鹂“百啭”的一派清朗，衬托出一种更幽怨、寂寞的心境。“寂寞”之境一以贯之，并再次深化。

然“寂寞”之境尚未达致巅峰，最后一句方知词人造境笔力之深厚。

“因风飞过蔷薇”，黄鹂的啼啭成了“春归何处”之问的唯一答案，它非但“无人能解”，更是稍纵即逝。春逝去了，徒留一片“寂寞”，如今连黄鹂之音亦随风过去。此处“寂寞”之情亦为首句“寂寞”二字的回音。也就是说，此词“寂寞”之境历经“除非问取黄鹂”这一情感波动后，终归复又倒流回首句“寂寞”二字上。

《清平乐·春归何处》如屈子、太白、东坡一般，皆为“发问”之作。“春归何处”“春无踪迹谁知”是显性之问；“若有人知春去处，唤取归来同住”（有“可乎”之意）、“除非问取黄鹂”与“百啭无人能解”合起来读，可知词人省略了“问取黄鹂”之内容，实则有“问”，属隐性之问，须读者借助敏感的诗词鉴赏力加以推敲。

通篇由“问”统一融合成完整词境，其核心情感为首句“寂寞无行路”之“寂寞”二字：因春无踪迹，因不解黄鹂，因风过蔷薇，而寂寞。“寂寞”并非机械的叠层相加，更因“除非问取黄鹂”一句顿生词境错落之风姿。

点　评

文体各异，读法有别。运用之妙，存乎一心。“诗”与“词”，就文体大类言，同属一式。但设若以大类读词，则往往失却词之特质与精髓。作者深知个中要害，故作惊人之语：“诗”与“词”有着质的区别。愚以为，作者此言的本心在于，读词须体贴词之特质。词之特质，即王国维所言之“要眇宜修”是也。“要眇宜修”本言女性之美，其美在妖娆、在渺远、在宜适、在修雅。这样的美，须以“体贴”读之，跟读诗的“观照”之法大异其趣。以“体贴”读词，故有作者这番入乎精髓、发乎精微的精妙之文。“春归何处？寂寞无行路”者，无端之问，平添寂寞，一妙也；“若有人知春去处，唤取归来同住”者，明知故问，徒增寂寞，二妙也；“春无踪迹谁知？除非问取黄鹂”者，无理偏问，愈发寂寞，三妙也；“百啭无人能解，因风飞过蔷薇”者，黯然自问，神伤寂寞，四妙也。通篇解“问”，而以“寂寞”伏延千里，可谓体贴入微。作者真的是妙心妙口、妙笔妙人。

风格之“豪放”，起于心性之“安宁”

——苏轼诗词解读（统编语文三上至六下）

统编小学语文教材中，选用苏轼诗词作品共六篇：《赠刘景文》（三年级上册）、《饮湖上初晴后雨》（三年级上册）、《惠崇春江晚景》（三年级下册）、《题西林壁》（四年级上册）、《六月二十七日望湖楼醉书》（六年级上册）、《浣溪沙·游蕲水清泉寺》（六年级下册）。

苏轼，字子瞻，号东坡居士，“唐宋八大家”之一。关于东坡作品的赏析，繁若星辰。孟子言：“颂其诗，读其书，不知其人可乎？是以论其世也。”此所谓“知人论世”之说，正为此篇写东坡从何处着笔指点了迷津。此文试以教材所选六篇东坡诗词作品为基，结合东坡生平功业，作一番粗浅探讨。

若对东坡一生功业作出划分，元丰二年（1079 年）“乌台诗案”为一个关键性节点。被政敌弹劾，东坡身陷囹圄，共 103 天。幸得太皇太后曹氏干预，东坡终免一死。“乌台诗案”以东坡的贬谪黄州、任“团练副使”作结。值得一提的是，东坡一生的经典佳作，皆自谪居黄州时期，这一现象实不容读者忽视。

更有意思的是，教材所选东坡的六篇作品，大致平行分作二组，前后划分界限是“乌台诗案”——

第一组（乌台诗案前）：《六月二十七日望湖楼醉书》（作于 1072 年）、

《饮湖上初晴后雨》(作于1073年)，东坡时任杭州通判。

第二组(乌台诗案后):《浣溪沙》(作于1082年)、《题西林壁》(作于1084年)、《惠崇春江晚景》(作于1085年)、《赠刘景文》(作于1090年)。

词至东坡，方开出豪放之风。东坡词冲破歌楼酒肆、儿女闺怨的藩篱，以历史人物、历史事件等入词，扩大了词的整体格局，提升了词的精神境界。东坡因此成了宋词"豪放派"的代表。

然私意以为，时人对"豪放"一词，多草草解之。殊不知，所谓"豪放"，并非一味豪言壮语，而是无论失意、得意，心性始终能安住于宁静、平和之中。于这宁静、平和中，生发出一份豁达与洒脱，即便身处逆境，依然葆有提振生命的力量与智慧。

此篇将东坡不同时期的六篇作品分作两组来赏析，意在说明：这种生于"安宁平静心性"中的"豪情"才最为有力。

先看第一组的两首诗——

六月二十七日望湖楼醉书

黑云翻墨未遮山，白雨跳珠乱入船。
卷地风来忽吹散，望湖楼下水如天。

饮湖上初晴后雨

水光潋滟晴方好，山色空蒙雨亦奇。
欲把西湖比西子，淡妆浓抹总相宜。

作此二首时，东坡任杭州一地通判。值得一提的是，在凤翔府任签书判官时期，东坡前后历经与子由之"生离"，及与妻王氏、家父苏洵之"死别"。然此二首诗中，呈现出的仍是一派清朗气象，及"物来则应，过去不留"的通透。

《六月二十七日望湖楼醉书》前二句"黑云翻墨未遮山，白雨跳珠乱入船"描绘出一幅"疾雨图"，并假以"黑云翻墨""白雨跳珠""乱入"等处，及"黑云"与"白雨"之间强烈的明暗色彩对比，营造出力量感，使人读来大有“黑云压城城欲摧”“山雨欲来风满楼”之势，更有“嘈嘈切切错杂弹，大珠小珠落玉盘”般的声音激越之美。

然而，“卷地风来忽吹散”的“转”句，却使得前二句诗所造的紧张之境归于平静。“卷地风”，尤言风势之广，让人联想起“拔地而起”一词，又因“拔”字联想到“力拔山兮气盖世”一句，使“卷地风来忽吹散”形成一种辽阔感。岑参写道“北风卷地白草折”，因了“北风卷地”四字，又为东坡此句平添一种力量感。

“卷地风”三字与后一句“水如天”对比来读，便可发现这实则是极端之“动”与极端之“静”的对比。这种强烈的对比中，呈现出的实则是东坡的内心格局：即便写西湖之景，然“天”与“地”始终是在东坡笔下的。“水如天”三字，将前两句的风雨动荡之境归于平静。而且，其“静”的程度是极端的、彻底的，如“天空”般辽阔、深远、不起波澜。

可知，东坡呈现出的“豪放”是以“心静”为基础与底色的。佛家言“灵台清静，静能生慧”，东坡的人生智慧便生于这样的心静。

《饮湖上初晴后雨》一首，仍言“阴晴”的转折，仿佛中国太极里的“阴阳”，“初晴后雨”四字实犹可察。然东坡写“晴”与“雨”却自成空灵一趣。

第一、二句，“水光潋滟晴方好，山色空蒙雨亦奇”。“水光潋滟”言其“晴”，“山色空蒙”言其“雨”。《文选》中言“敞淡潋滟，浮天无岸”，窃以为，东坡此“水光潋滟”是为开拓诗境，以表“无边”之意，终至“宏阔”气象。此境与“山色空蒙”之“空”字，互为观照，相映成趣。

此诗另一美妙则在于，前两句言自然景观，自成一种空境之美；第三、四句中，诗人施以“人”的生命力量之美，在艺术效果上更添一份情趣。

第三句，“欲把西湖比西子”，用“西子”与“西湖”作比。“西子”，即西施。相传其天生丽质，倾国倾城，成为“美人”的象征。此句将“西湖”比作“西子”，使西湖的“空静”之美中更添了一份女子的娇柔。关于此喻，南宋方回有云：“谁将西子比西湖？旧日繁华渐欲无。”即便东坡自己，也多次诗云“只有西湖似西子”“西湖虽小亦西子”。可见，将西湖比西子是诗家笔力的百炼钢化作绕指柔。

《饮湖上初晴后雨》虽为写景而作，实则是东坡豁达、洒然心境之写照。“晴方好”“雨亦奇”“淡妆”“浓抹”无异于人生之“无常”，然东坡最终将此“无常”落到“总相宜”三字上，尤言无论风雨阴晴，于整个生命历程而言，这些坎坷皆是可以跨越的。

若言作此二首诗时东坡尚时运亨通，不足以证明其豁达及豪情，且观后一组诗——

题西林壁

横看成岭侧成峰，远近高低各不同。
不识庐山真面目，只缘身在此山中。

1079 年，东坡被政敌弹劾，终陷“乌台诗案”，幸得太皇太后曹氏之故犹可活命。此后，东坡便谪于黄州一地，任团练副使。所谓“团练副使”，犹今日所谓“民间护卫队队长”。读者遥想观之，则不难体察，此与东坡早年的官运亨通相较，无异于天壤之别。若寻常人遭此厄运，由此一蹶不振亦是有的。然东坡却在这般逆境中，于黄州一地写就了一生中最为优秀的作品：“小舟从此逝，江海寄余生”“竹杖芒鞋轻胜马，谁怕？一蓑烟雨任平生”“拣尽寒枝不肯栖，寂寞沙洲冷”……

与早期相比，东坡此时的作品更多了一份向内的观照，以及人生风波终归于沉寂之后的稳重。佛言“向内观照”，东坡经历艰辛后，其心境在豁达之余更多了一份沉静与厚重。

此诗作于 1084 年，距“乌台诗案”已去五载。其并不为写景而作，更呈现出一种“理趣”。这正是宋诗有别于唐诗的特色之一。《诗词散论》有言：“唐诗之美在情辞，故丰腴；宋诗之美在气骨，故瘦劲。”即言唐诗以“情”取胜，“君不见长江之水天上来，奔流到海不复回”“白日放歌须纵酒，青春作伴好还乡”，浪漫有之，奔放有之；宋诗则更重理性，终成一种趣味：“问渠那得清如许，为有源头活水来。”

宋诗不同于唐诗的浪漫主义，与其经济、社会风貌等各领域之差有不可分的关系。其中最直接的原因是，唐人的出仕之路不唯科举一条，仍可出任幕府而一施才能；宋文人的出仕之途唯有科举选拔一条，客观上决定宋人作品中多了一份“书卷气”的理智与严肃。

《题西林壁》指明从不同角度观庐山会呈现出不同的风貌。前两句“横看成岭侧成峰，远近高低各不同”，就全诗而言实则是个“引子”，只为引出后两句之理——“不识庐山真面目，只缘身在此山中”。

笔者之所以说东坡历经巨大人生坎坷之后终归于生命的沉静与稳重，便在于这一时期的作品不时表露出他的佛家的智慧。佛经常言“无明”，累世的无明，让人们总是历经无边的痛苦。这“无明”之下，便是一种“遮蔽”，让众生看不清人生的实相，此所谓“不识庐山真面目”。究其原因，只因“我执”，即对“自我”的一厢执念，此所谓“只缘身在此山中”是也。

惠崇春江晚景

竹外桃花三两枝，春江水暖鸭先知。

蒌蒿满地芦芽短，正是河豚欲上时。

此诗为题画诗一首，前三句皆写景，第四句尤见其妙。钱锺书《宋诗选注》云：“宋代烹饪以蒌蒿、芦芽和河豚同煮，因此苏轼看见蒌蒿、芦芽就想到了河豚。鸭在惠崇画中，而河豚在苏轼意中。”（《宋诗选注》，三联书店2016年版，第117页）

“正是河豚欲上时”，只此一句，让东坡此诗由“题画诗”题材之板滞生发出活泼的意境。其并非单纯就画境作白描语，更加入了东坡的想象。该想象的动人之处在于，与人日常饮食营生相勾连，在自然的诗意中融入人间烟火气，呈现出诗境的活泼。宋人词云：“晓见寒溪有炊烟”，只此“炊烟”一象，便使整首词意境全开，因了“炊烟”之温，终得“人间”之韵。

东坡此诗，因了“正是河豚欲上时”一句，打通全诗活泼的意脉，其内里映射出的是东坡心性的活泼。

浣溪沙·游蕲水清泉寺

山下兰芽短浸溪，松间沙路净无泥。潇潇暮雨子规啼。

谁道人生无再少？门前流水尚能西！休将白发唱黄鸡。

此词为东坡谪居黄州期间所作。下片“谁道人生无再少？门前流水尚能西！休将白发唱黄鸡”多被人视作“豪放”之证，无可非议。殊不知，这“豪放”之根基，实则东坡内心之澄净。即言此词呈现出的“豪放”“豁达”之气象，皆因东坡始终安住于澄明的心境之中。此等细腻处，必要读者慧眼识之。

上片第一句“山下兰芽短浸溪”，“兰芽”者，兰之嫩芽也。关于其特点，东坡用“短”字概之，尤言此时兰花尚未盛放，唯枝头星星点点之貌。兰芽此形状，若非东坡心细如许，恐多忽视。无独有偶，《红楼梦》中写林黛玉，道是：“信步出来，看阶下新迸出的稚笋，不觉出了院门。”脂批道：“妙！妙！‘笋根稚子无人见’，今得颦儿一见，何幸如之乎。”可见，“稚笋”“兰芽”之属，唯有心人得知。东坡如是，黛玉亦如是。

心思的细腻，正是心境阔达的基础。这正是不同艺术作品之间境界有高下之分的原因。唯有心细如发之人，方可“一花一世界，一叶一如来”，于细微处悉发菩提证悟心。

第二句，“松间沙路净无泥”，试问“沙路”竟真的如东坡所言“净无泥”吗？是犹未可知也。言“沙路无泥”，莫如道东坡“心净无泥”更为熨帖。

第三句，“潇潇暮雨子规啼”，窃以为，此句为整首词中的最美画面。“潇潇”，尤言雨之小，有凄清、冷寂之态，亦可作雨声解。然此雨非“朝雨”“晚雨”，实为“暮雨”也。所谓“日暮乡关何处是，烟波江上使人愁”。日暮时分，一天将尽，“夕阳无限好，只是近黄昏”，此时最是落寞、孤寂。东坡借“潇潇暮雨”四字表达出此时心境的落寞，然此尤不尽意，更添“子规啼”三字。

李义山诗“望帝春心托杜鹃”，杜鹃者，子规也。《华阳国志·蜀志》载：“杜宇称帝，号曰望帝……其相开明，决玉垒山以除水害，帝遂委以政事，法尧舜禅授之义，遂禅位于开明。帝升西山隐焉。时适二月，子鹃鸟鸣，故蜀人悲子鹃鸟鸣也。”即言子规之啼鸣，在文学作品中有其特定的象征意义。因其声极为哀切，犹如盼子归来，李太白更有诗言：“蜀国曾闻子规鸟，宣城还见杜鹃花。一叫一回肠一断，三春三月忆三巴。”

东坡“潇潇暮雨子规啼”一句，实则借子规之声，营造一份凄楚。这种凄楚，在下片“豪放”之句中终为稀释，退居幕后。然而，因了“潇潇暮雨子规啼”一句，下片三句的“豪放”与“潇洒”之情便不再流于空言口号的表面，更有历尽繁华、心事沉淀后的深刻与洒脱。

赠刘景文

荷尽已无擎雨盖，菊残犹有傲霜枝。

一年好景君须记，最是橙黄橘绿时。

作此诗时，东坡已然54岁，去“乌台诗案”十一载，已重返杭州一地任太守。于古人而言，54岁已为人生晚景。东坡一生宦海沉浮，此时可谓“历百千劫”。然如此多舛的灵魂，终无半分戾气，心性反而更趋于平静与圆融。

此时，对于友人已无当日“休将白发唱黄鸡”的豪情，唯有轻声道一句：“一年好景君须记，最是橙黄橘绿时。”噫吁嚱！只此一句，于有心人而言，不知又该生出多少故事来！

时人将此诗仍作“豪放派”下的“勉励诗”来解，道是以“荷尽菊残”之际，仍保持傲雪冰霜的气节，勉励友人切莫消沉，应如荷菊一般。

此类解读，暂不去论其适宜与否。如今，笔者只愿在了解东坡坎坷一生之后轻轻诵出这一句：“一年好景君须记，最是橙黄橘绿时。”这不过是看遍人世繁华沉浮之后，从艰险中淬炼出的从容人格。与其概念化地将此诗作“豪放”之解，不如顺着东坡人生这一大意脉，遥想此诗实为两位老人之间共忆“橙黄橘绿”时的往昔：或是一道泛舟湖上，把酒言欢；或是晚来风雪，围炉共坐……愿君不要忘怀的，是余二人相交相知的旧时光。

“君须记”，所“记”为何，作者并未言明，留下一处空白。然而，这空白中，却蕴含着“无限”。仅凭“一年好景”之“好”字，便可使此诗摇曳生姿，推及无限。东坡词云：“明月如霜，好风如水”“最是一年春好处”，皆为“好”字。而究竟何为“好”，东坡不曾言及，读者却是心有戚戚焉。

东坡词：“问汝平生功业，黄州惠州儋州。”观其一生，遍历处又何止三地！东坡终其一生皆在漂泊之中，然命运风云骤变，不变的是其人的自持与修行：秉持自我心性，安住其中。此二句词前仍有两句：“心似已灰之木，身如不系之舟。”看似颓丧，实则东坡晚年终于冲破“我执”迷障，深知人生之无常，并成就了自己的顽强与洒脱。

每读东坡诗词，终不致受困于儿女情思之中，而能拾得一份生而为人的从容与潇洒，只因其笔下抒写的人生况味皆为这般的洒然。

点　评

作者此文解读之神思，一如东坡词风之豪放。其豪放处，一在超以象外，得其环中。作者站在东坡人生的制高点上俯瞰东坡诗词，气象为之一阔。二在纵横捭阖，融会贯通。作者在东坡各具情思与风格的作品中，能照见其深层的、统一的心灵底色，境界为之一明。三在独出机杼，势如破竹。作者就东坡的每一首作品言，总能破时人庸见，却又能自圆其说，精神为之一振。作者神思之豪放，亦以自家心性之安宁为底色，一如东坡之精神格局。唯其心性安宁，方能洞见东坡人生的哲学秘境，如作者所言：“无论失意、得意，心性始终能安住于宁静、平和之中。于这宁静、平和中，生发出一份豁达与洒脱……”唯其心性安宁，故能在东坡诗词的丛林中行至水穷，坐看云起，以自家之真心，引读者之诚心，入诗人之禅心。此诚为“华枝春满，天心月圆”之妙境也！

下卷

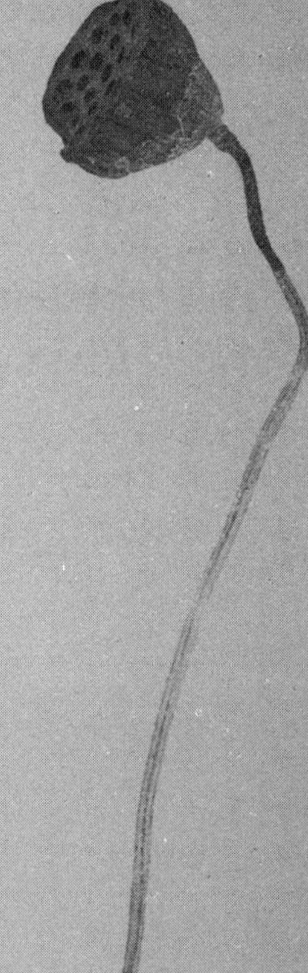

怀着感激飞向天堂

——安徒生《卖火柴的小女孩》解读（统编语文三上）

当我试图解读这篇文本时，一颗本该对文本材料保持理性的心却充满感情。我不敢用任何词对此时的感情加以界定，因为“温暖”“忧伤”“感动”……此时都是单薄的。

对于很多人而言，“安徒生”这个名字不再是一个具象的个体存在，而是一个满载意义的符号，早在童年时便打下烙印，在人生最初的阅读航行中亮起了一盏灯。

关于“安徒生”这个符号，也许我们不会时常想起它，但总有那么一些时刻，你会感到它的存在。比如，你至今仍会为一片叶子的枯萎而流泪，依然会在一阵蝉鸣中寻找落寞的夏天，相信每张面具后都深藏着善良的灵魂……这些猝不及防的念头，从你的心底自然流淌出来，是不加任何计较与思索的。

于是，你知道了，即使如今已是“大人”，但心仍是纯真尚存。这种纯净的源头，是我们源源不断的童年时期，是灵魂最初出发的源头。在我们踏上成长之路时，“安徒生”就带着他的故事及时赶来。

也许你已经忘了《海的女儿》里那个最终化为泡沫的小美人鱼，却记得为爱奉献的美好；也许忘了《丑小鸭》里那只最终飞向云霄的白天鹅，但记得勇敢的可贵；也许忘了《夜莺》里那只被囚禁在国王身边的夜莺，可从未放弃过如夜莺一般对自由的追求……那些独立的形象也许已渐渐模糊，可它们当初传递给你的关于纯真与爱的能量，却永远沉淀在心里。

因了这些，如今的你依然是那个拒绝长大的小孩。

在灵魂前行的路上，因为有这些喻义“真善美”的坐标，你才没有偏离轨道。《卖火柴的小女孩》也是这样一个坐标，它指向永远的“纯真”。

我并不以为如有些读者所言，《卖火柴的小女孩》这篇童话是安徒生对所谓资本主义社会的抨击，或是对穷人的同情。对于安徒生的童话来说，这些论断都太沉重。它不过是一片轻飘飘的羽毛，却足够承载治愈心灵的一切能量，却承载不起来自俗世功利性的判断枷锁。因了这种悖论的存在，“不能承受的生命之轻”才有着永恒的艺术价值。

安徒生在自传中写道：

> 我只向那些有着尊贵信仰，以及一心向善的人们低头鞠躬，政治与我无关。上帝赋予了我另外的任务，我过去能感觉到，现在仍然知晓。[1]

他所写的一切只为“低头鞠躬”，这是一种在“尊贵”“一心向善”面前永恒的谦卑姿态。这种谦卑折射出的是安徒生灵魂的高贵。他提到：“我无拘无束地哭，对上帝和人类心怀感激。”因为这种虔诚与敬畏，他看清了自己灵魂的使命，便是将“真”与“善”一切人类灵魂的美好品格通过书写向更多的心灵传扬出去。

于是，在安徒生的童话里，我们感受到的总是美好与温情。即使是最残酷的结局，安徒生都用温暖的颜色装点着它。痛苦与愤怒的坚冰，在这片温暖里消融了。我们的心，涤荡于这片温暖；我们的灵魂，升华于这片温暖。通过童话，安徒生向我们传递着一种声音，教会我们去爱，而绝非恨。

安徒生一生都在创作童话，他一生的遭遇便是一部生动的童话。他历经长时间的贫穷，以及来自富人的鄙夷，直至后来作品为人所识，并投以赞赏与倾慕。这起伏跌宕的漫漫人生路，没有在他的心里埋下嫉恨与抱怨的种

---

[1] [丹麦] 汉斯·克里斯蒂安·安徒生著，王娱瑶译：《我的真实人生——安徒生传》，江苏文艺出版社 2017 年版，第 84 页。

子，而是赋予他在苦难中净化自我的力量，最终升华自我。

这种自我净化的能量来源，便是他那颗永远纯真的心。一个内心充满仇怨的人，他对一切是抱以否定与怀疑的。安徒生几近单纯的心地，是他一切作品开花的土壤。这正是安徒生的作品无关愤怒与仇怨，一切皆向美而生的原因。

《卖火柴的小女孩》也是这样一朵纯真之花。

这篇童话之所以动人，小女孩之所以历经近两百年后依然活在读者的心中，在于她的纯真，而非苦难的遭遇。在这篇作品中，苦难与贫穷不是安徒生要强调的，窘迫也不过是为作品搭建的一种暗色背景。这种“暗”，真正的价值在于折射出小女孩因纯真而散发的人性之光。

人们并非因为她的贫穷而同情她，从而记住她，而是因为她的纯真而怜爱她。读者的这种怜爱，最终让卖火柴的小女孩的艺术生命永不凋零。

同情是短暂的，唯有爱永恒。

故事对小女孩的贫穷多有交代，散落在各段的字里行间：一个极冷的大年夜，小女孩“赤着脚在街上走着”“一双小脚冻得红一块青一块的。她的旧围裙里兜着许多火柴”“谁也没买过她一根火柴，谁也没给过她一个硬币”“她不敢回家，因为她没卖掉一根火柴，没挣到一个钱，爸爸一定会打她的”“再说，家里跟街上一样冷”。

这种在人物形象上的刻画，指向的是读者潜意识中的同情，但是“被动”的。换句话说，但凡遇见一个如此遭遇的人，大家对之产生恻隐之心不足为奇。这种“同情”是普遍性的，不具备“唯一性”，好在安徒生在《卖火柴的小女孩》一文中并非企图借小女孩的“贫苦”来博取读者欢心。

小女孩的贫穷是一览无遗的。不难断定，她此时正处于极端寒冷与饥饿的状态。对这种极端饥寒的状态，安徒生是借用小女孩几度擦亮火柴眼中所见幻象来表现的。

“哪怕一根小小的火柴，对她也是有好处的！”通常情况下，酷寒之下，火炉之温尚不足以驱逐全部严寒，区区一根火柴又能奈几何呢？然而，这种体验仅对不愁温饱的人是成立的。对于此时的女孩来说，她既不能花钱买吃的果腹（“谁也没买过她一根火柴，谁也没给过她一个硬币”），也无法像别人一样回家取暖（“再说，家里跟街上一样冷”），在极度寒冷与饥饿面前，她除了忍耐，别无选择。

对于她“几乎冻僵”的小手来说，一根火柴的微热也是一种慰藉。安徒生通过女孩此时异于常人的“怪异”体会来表现“饥寒交迫”的极端程度。“哪怕一根小小的火柴，对她也是有好处的”，这种“反常”的念头，对于读者来说是“陌生的”，与读者的个体经验拉开距离，而“陌生”与“疏离”却在文学创作中构成巨大的艺术感染力。

几度擦亮火柴后，小女孩的眼前出现了“火炉”“烤鹅”“圣诞树”“奶奶”等事物。这些事物的背后，反映出的是安徒生创作童话时遵循着的一种逻辑。不难发现，“火炉”“烤鹅”指向女孩此时所处的“寒冷”与“饥饿”状态，是形而下的，“圣诞树”“奶奶”则由形而下的渴求上升到形而上的奢望，说明女孩让人同情的不只是物质上的贫苦，更有精神世界的孤独。

如果说通过“奶奶”这一形象，我们不难揣测出女孩精神世界的“酷寒”，那么，对于“圣诞树”这一意象，则有必要结合安徒生自传来加以分析理解。

第三次擦亮火柴时，女孩看到一棵高大的圣诞树——“翠绿的树枝上点着几千支明晃晃的蜡烛”。安徒生在自传里说，“一丝阳光就能触动我的心”。可见对一颗纯真却敏感的心来说，最渴望也最珍贵的，也许并不是吃饱穿暖，而是“被温暖”“被照亮”。唯有“光”，才能驱散绝望与绝对的黑暗。

可见安徒生在创作时对小女孩注入了何等深重的疼爱。他为处于绝望边缘的女孩点亮了几千支蜡烛，照亮她的世界。这一棵点着“几千支明晃晃的蜡烛”的圣诞树，是《卖火柴的小女孩》中唯一璀璨的光。它的出现，不仅照亮了小女孩，也为整篇童话镀上一层温暖的、纯净的光芒。即使最后，女孩冻死在街角，但读者心里的悲伤却不是绝对的、锐利的，在悲伤之余，更为女孩生前见过这样的“幻象”感到一丝温暖。安徒生诗意而温暖地叙述了小女孩的死亡。这样温情的作品，又谈何对“愤怒”“仇怨”的宣扬呢？

然而，安徒生创作《卖火柴的小女孩》并不是为博取读者的“同情”，

"同情"是浅薄的、暂时的，注定无法深刻。不要忘了安徒生在其自传中提出的"使命"，他是要作"真"与"善"永远的信使，通过作品传达对"纯真"的赞美与歌颂。

女孩的"纯真"才是安徒生认为最可贵的品质。这也是"卖火柴的小女孩"艺术生命得以经久不衰的唯一原因。她的"纯真"，表现在她始终对"幻象"的信以为真。这种纯真，哪怕在极端恶劣的生存状态下，也不会变色。这才是她最值得读者怜爱的品质。

小女孩擦亮火柴后，对眼前的"幻想"依然秉持信任与天真，表现在这几处：当她"看见"眼前的火炉时，天真地"把脚伸出去，想让脚也暖和一下"；当火柴熄灭，一切消失，天真的女孩还疑惑着，"唉，这是怎么回事呢"；面对"烤鹅""圣诞树"，女孩依然信以为真，"向画片伸出手去"。

可见，在小女孩的世界里，一切的"存在"都是真的。唯有纯真的心，才不会对这个世界产生怀疑。

当圣诞树消失时，安徒生在对小女孩"纯真"的刻画上添置浓墨重彩的一笔：小女孩看到一颗星星从天空中落了下来，这时她对自己说，"有一个什么人快要死了"。这是她去世的祖母生前告诉她的，"一颗星星落下来，就有一个人要离去了"。

关于人死后会变成天上星星这样的话，相信很多人小时候听大人说起过。我的祖母生前就是这样对我说的，并且在很长一段时间里，我从未怀疑这种说法的真实性。现在，我当然明白这不过是一种对生者美好而诗意的宽慰，但如果有得拣选，仍然愿意相信人死后会变成天上的星星。因为只有纯真过的人，才会明白活在天真的状态里，世界也将因此变得温情。

事实证明，成熟后习得的知识与理智，并没有让人们的精神生活更丰富，反而丧失对人生的冒险与好奇精神。想象的贫瘠让我们的生命曲线逐渐告别活跃，无趣地走向终结。

文本中小女孩表现出的纯真，才显得这个人物形象那么叫人爱怜。在这种天真之下，小女孩意识到"有一个什么人快要死了"。她的生命之火即将熄灭，她竟天真地对自己的未来抱以乐观，并不知道"有一个什么人快要死了”正是指的自己。

小女孩的纯真，在最后一次擦亮火柴时被推向最高潮——

她在墙上又擦着了一根火柴。这一回，火柴把周围全照亮了。奶奶出现在亮光里，是那么温和，那么慈爱。“奶奶！”小女孩叫起来，“啊！请把我带走吧！我知道，火柴一灭，您就会不见的，像那暖和的火炉，喷香的烤鹅，美丽的圣诞树一样，就会不见的！”

为了留住奶奶，“她赶紧擦着了一大把火柴”。可怜而纯真的小女孩，至今都不知那是自己意识模糊时出现的幻象，她已然走到生命的尽头。最终，她如愿以偿，与最亲爱的人一道，“在光明和欢乐中飞走了，越飞越高，飞到那没有寒冷，没有饥饿，也没有痛苦的地方去了”。

我们的记忆里，仍有一个同样因为“纯真”而被爱怜的男孩——《凡卡》。

那个叫凡卡的男孩，如今记起他，也许不是因为他曾受尽屈辱的遭遇，而是他的纯真：在信封上，凡卡写下“乡下爷爷收”。

读者知道，凡卡的爷爷是永远不可能收到这封信的，但这封永远寄不出的信却是纯真的凡卡活下的唯一信念。我们忘不了凡卡，忘不了卖火柴的小女孩，忘不了无数个像“凡卡”“卖火柴的小女孩”一样的纯真的人，难道是因为他们身处的糟糕境遇吗？只因他们在最绝望的生活里，依然期待阳光的那一份纯真，让读者最终记住了他们。

没有什么比纯真的心更值得珍惜。

读安徒生的童话，若一味在技术上就其创作手法进行解剖，我将于心不忍。即便它不及其他童话，又怎样呢？断臂的维纳斯之所以迷人，并非因为它的残缺，其永恒的艺术魅力在于“不完整”中折射出的“残缺的完整性”。

文本最后一段结局——

“她想给自己暖和一下……”人们说。谁也不知道她曾经看到过多么美丽的东西，她曾经多么幸福，跟着她奶奶一起走向新年的幸福中去。

是的，人们看到的只是表象，只能从小女孩“小小的尸体上”看到“死亡”本身，看到的是形式并非内容。何以如此，留待读者自解其中滋味。

至于小女孩在生前最后一夜曾看过那么多美丽的事物，沉浸于那份虚幻而真实的幸福之中的经历，唯有一种人能看到，那就是如凡卡、卖火柴的小女孩一般拥有纯真的灵魂并相信一切美好的人们。

一如此刻落泪的我，还有你。

点 评

此刻落泪的作者，为我们诠释着解读童话、解读安徒生、解读《卖火柴的小女孩》的无上法门：把自己摆进去。把自己摆进去，就是感小女孩之感、想小女孩之想；把自己摆进去，就是苦小女孩之苦、乐小女孩之乐；把自己摆进去，就是信小女孩之信、爱小女孩之爱。一言以蔽之，把自己摆进去，就是让自己活成小女孩，情情相融，心心相印。这是对解读技术本身的超越，或曰这是统摄一切解读技术的技术。这很难，也很容易。说很难，是因为我们早已“成熟”，成熟的我们，坚信“童话里都是骗人的”，坚信如铁，于是我们的灵魂麻木如磐。说很容易，是因为“大人不失赤子之心”，我们一旦砸碎“成熟”，赤子本心便彰明昭著。从这个意义上说，解读《卖火柴的小女孩》，就是一趟返回纯真、返回良善、返回本心之旅。此刻，作者正带着我们踏上返乡之路。

一点口语的神情

——汪曾祺《昆虫备忘录》解读（统编语文三下）

统编小学语文教材三年级下册第四课为汪曾祺的《昆虫备忘录》。汪先生是江苏高邮人，却被归为“京派作家”。我想，这是基于其作品的语言风格所下的定论。20 世纪 30 年代，新文学中心南移至上海，留在北京的一个自由主义作家群形成“京派作家”这一文学流派。该流派以语言的简约、古朴、活泼、明净为自身特色。汪曾祺为代表作家之一。

汪曾祺在一次主题为“我和民间文学”的座谈会上，谈及自己作品的语言风格时，称其“朴素、简洁与明快”，并下了“一点口语的神情”的定义。这是一个作家高度敏锐的风格自觉。

我们知道，因了题材与体裁的制约，同一个作家的语言风格在不同的作品中往往呈现出不同的语言风貌。鲁迅写《故乡》时的遣词造句与创作《阿 Q 正传》时的用语风格必定是不同的。在《故乡》中，作者对于“故乡”的闰土等人物是满怀同情的；对于阿 Q 则长于讽刺。可见，作者刻画人物时所处的立场，决定了整个作品的用语风格。

汪曾祺有篇小说名《徙》，所写主人公是一个旧社会的国文老师。于是，作品中常有诸如“呜呼，先生之泽远矣”这类文言词句，这就是作品内容决定言语风格的例子。

基于这一点，我们便不难理解，同为汪曾祺的作品，《大淖记事》《受戒》

这类小说风格与《徙》大有差别的原因。这就是题材与体裁对作家的语言风格起到的制约作用。

《昆虫备忘录》一文是由四段独立文字组成的，形式上属于组文，分别为《复眼》《花大姐》《独角仙》《蚂蚱》四篇。虽然每篇皆独立成文，然而在内里结构上却隶属一个有机整体。这种现象类似于桐城派倡导的“文气”。

为何说四篇小文章属于一个统一体，大致有两点缘由：其一，主题内容相同，即皆为状物（昆虫）类文章；其二，语言风格一致。汪曾祺指出，“‘文气’是比‘结构’更为内在、更精微的概念，和内容、思想更有有机联系”。这四篇短文因为语言风格的一致性，构成一以贯之的“文气”脉络。这条文脉的言语特色，即为汪曾祺自评所言：极尽言语的“朴素”“简洁”“明快”之风，及“一点口语的神情”。

一、语言的朴素

与语言的“朴素”相对的是语言的“华丽”。打个比方，前者如宋瓷的素雅，后者则若唐三彩的富丽。前者是苏轼所言“乃造平淡”，后者则是其言“五色绚烂”。

在此组文字中，汪曾祺语言的朴素之美表现在：采用“白描”手法描述事物，不添加任何修饰语以渲染。

这类句子通篇即是——

《复眼》一文的开篇句是：“我从一本书上知道蜻蜓有复眼，从那以后，就一直在琢磨复眼是怎么回事。”

作为语文教师，我们需要有意识地培养自己的语感。你读花间派的词，与读李太白的诗是要能够品出其中的不同的。“小山重叠金明灭，鬓云欲度香腮雪”“床前明月光，疑是地上霜”二者呈现出的文字气象是迥然不同的。这一点，要在目之所及处便敏锐地感受出来。

“我从一本书上知道蜻蜓有复眼，从那以后，就一直在琢磨复眼是怎么回事。”它作为开篇的第一句，实则已为整篇文章定下调子，统领全篇，不可更改。一改，整个文气便断了。什么调子呢？朴素。

你看它前后不着调、没来由地来一句：“我从一本书上知道蜻蜓有复眼，从那以后，就一直在琢磨复眼是怎么回事。”这样一个事实，像一个说话开门见山的爽快人与你交流，一点不含糊，也不绕弯子，单刀直入，没那么多言语的“花招”。他并未添油加醋地告诉你，当“我”得知蜻蜓有复眼后，是多么激动、好奇的心情，才导致后文的“从那以后，就一直在琢磨复眼是怎么回事”这一状态，全然是白描式的事实陈述。这就是一种朴素。

不见得非要字数少才构成文字的“朴素”，上文提到的花间派词句“鬓云欲度香腮雪”凡七字，然浓郁香艳之气已满溢。可见，言语的朴素来自用字的干净、利索，不在于字数多寡。

这种语言的朴素在本组课文中多有体现，如：“‘复眼’，想必是好多小眼睛合成一个大眼睛”“它的甲壳多为深色，挺硬的，头部尖端有一只犀牛一样的角”“独角仙的力气很大”……全然在作事实陈述，完全写意。

二、语言的简洁、明快

语言的“简洁”与“明快”可作同类赏析。语言的“简洁”，即是用最少的词语准确表达意思，不拖泥带水，也必定在形式上表现为语言节奏的明快。也就是说，“简洁”与“明快”属于语言风格的一体两面。

语言的“简洁”“明快”在文本中体现为：大量使用短句。来看这一组句子——

飞来一只独角仙，摔在灯下。它摔得很重，摔晕了。轻轻一捏，就捏住了。

还有一种“土蚂蚱”，身体粗短，头方，色黑如泥，翅上有黑斑。

这是两处关于独角仙、蚂蚱的描述性文字，皆为短句，最长一个分句不过七字，最短一句则为两个字。字数各异的句子错综排列，在形式上呈现一种错落美，朗读时更呈现音乐上的节奏美。这种言语结构，让句子具备灵动、活泼的气象，也与昆虫自身小而玲珑的特点相匹配。

汪曾祺有一篇散文《夏天的昆虫》，也属于组文式的结构，与《昆虫备忘录》在语言风格上是一致的，区别于他的其他主题篇目。

汪曾祺表示："我希望更多地看到这样的小说：明明白白，清清楚楚，干干净净。"这种风格自觉，就直接反映在他的作品中。

再来看这一组句子：

膜翅，顺顺溜溜；收拢硬翅，严丝合缝。

瓢虫，朱红的、瓷漆似的硬翅，上有小圆点，叫做"星"。

汪曾祺在力求保持语言的"简洁""明快"上，除了大量使用短句，还用了一种非常特殊的句式。在这两个句子里，完整的句子结构是被打破的："膜翅""瓢虫"是名词，却独立成为分句；"顺顺溜溜""朱红的"是形容词，也独立为分句；"收拢硬翅""严丝合缝""瓷器式的硬翅"……都不同程度地有句子成分的缺失。这属于西方的意识流，也可以说是意象主义。汪曾祺在《钓人的孩子》中也作过这样的尝试——

米市，菜市，肉市。柴驮子，炭驮子。马粪。粗细瓷碗，砂锅铁锅。焖鸡米线，烧饵块。金钱片腿，牛干巴……每个人带着一生的历史，半个月的哀乐，在街上走。

用单一的语言要素（词语）构成句子，形成统一的意向群落。各分句简短，彼此衔接紧密，节奏明快。

三、语言的口语化

《昆虫备忘录》语言的口语化特点，用汪曾祺自己的话来说便是"一点口语的神情"。用"神情"一词来形容作品的语言风格，让作品由文学形式的抽象“概念”走向具体的活泼。

口语化的文章读来亲切自适，读者与作者之间如同晤面，这属于接受美学的范畴。而且，语言的口语化在一定程度上为文章增添了几分幽默感。汪曾祺在《西窗雨》一文中指出：“(文章)要有点幽默感。完全没有幽默感的文章是很烦人的。”

来看《昆虫备忘录》中的这类语言——

我曾经想过：如果人长了一对复眼……还是不要！那成什么样子！

省略号是此处的关键，它预示着话还没有说完，作者就先行把自己的念头截断了，马上跳到“还是不要！那成什么样子！”这实乃一种口语式的自我调侃与幽默。

我说，吃马铃薯嫩叶的瓢虫，你们就不能改改口味，也吃蚜虫吗？

注意“我说”二字，去掉会影响句子的意思吗？丝毫不会。删掉“我说”二字后的句子是这样的：“吃马铃薯嫩叶的瓢虫，你们就不能改改口味，也吃蚜虫吗？”虽然此句话仍呈现出作者俏皮式的语言风格，但没有了口语色彩，显得正正板板、毫无灵气。

加上“我说”，作者仿佛真的心如赤子般在与瓢虫友好地“商量”，幽默之风拂面而来。

这种蚂蚱，抓住它，它就吐出一泡褐色的口水，顶讨厌。

此句中的“一泡”“顶”也颇值得玩味。契诃夫说，每个句子都只有唯一的说法。也就是说，遣词造句必须精确妥帖，丝毫马虎不得。文学创作的最高境界正是“精确”。换句话说，一句话里的每一个词、每一个字对于这个句子而言，是完全熨帖的，不可替代。若经修改，整个句子的气象便全然打破，好比一棵树，一枝动，万枝摇。

如果将此句中的量词“一泡”换成“一口”，“顶讨厌”换成“真讨厌”“特别讨厌”，口语化营造的幽默文风将荡然无存。鲁迅在《高老夫子》中也有这样的好句子——“我辈正经人，确乎犯不上酱在一起”中的“酱”字就是这个句子中唯一准确的用词。换作另外任何一种说法，如“黏在一起”“混在一起”都不足以贴合《高老夫子》整部作品的“文气”。

汪曾祺说：“语言本身是艺术，不只是工具。”他正是凭借语言的“朴素、简洁与明快”“一点口语的神情”，成就了《昆虫备忘录》这件独一无二的艺术品。

点 评

“擦亮语言”是作者解读本文的独门秘籍。一般所谓的擦亮语言，大多在局部上着力，譬如这个词如何如何、那句话怎样怎样，细是细了，但碎也是碎了，只得了一棵两棵树木的神情，却失了整片树林的气象。作者不同，其着眼处在整体，即由风格入手，品味其遣词造句、谋篇布局的秘妙，再由品味所得来印证风格。这样读，既能察树木之神情，更能见树林之气象。明了这一点，我们就能明了作者起笔的立场与落笔的秩序。由“京派”风格，而“京派汪氏”风格、“京派汪氏语言”风格、“京派汪氏散文语言”风格，整体着眼，洞见文气，局部着力，沉入词语。愚以为，如此擦亮语言，才能得汪氏语言“质朴、简明、一点口语的神情”之三昧。

时间是如何被拉长的？

——萧红《火烧云》解读（统编语文三下）

《火烧云》节选自萧红小说《呼兰河传》，入选统编小学语文教材三年级下册第七单元。本单元导语为：“天地间隐藏着无穷无尽的奥秘，等待我们去寻求。”很显然，该主题定位是从文本的实用价值出发的，即通过本组课文的学习，学生最终将“寻求出天地间隐藏的奥秘”，文学文本被赋予某种意义上的指导性。这种价值定位，还体现在《火烧云》一文课后练习的第二题：“说说课文写了火烧云的哪些特点，你是从哪些语句了解的”，即《火烧云》一文被当作“认识火烧云这种事物”的“说明书”。

然而，如果学生阅读《火烧云》时仅停留在对火烧云这一事物外部形态特点的感性认识上是远远不够的。倘若这是唯一的学习目标，学生还不如阅读一篇相关科普文以收获更多专业知识。

作为语文教师，我们直面文本时要带着专业的文本审美意识参与阅读，力图透过文字表面传递的实用层面深入文字内里的审美层面。唯其如此，这一文本在遣词造句、谋篇布局上的特色才能被深挖出来。

一、语言上的白描

对教材中节选文本的解读，第一要务是将它还原到其原生的整体语境中去。这类选文的显著特点便是其“不完整性”，它是从一个“整体”中独立出来的“部分”。这个“部分”蕴含的审美价值，依赖原文的“整体”语境。

《呼兰河传》整部小说的创作是围绕一个叫“呼兰河”的小城进行的。那里闭塞、贫穷、市井、琐碎、一地鸡毛，是“我”这个小女孩成长的故园。基于这样的认识，我们阅读《火烧云》一文时，通过文字构建的画面便有了想象的基础，也决定了作品的语言基调与风格。作为读者，要有这样的敏感与自觉。

《火烧云》是以一个小女孩的视角来写的。

晚饭过后，火烧云上来了。霞光照得小孩子的脸红红的。大白狗变成红的了。红公鸡变成金的了。黑母鸡变成紫檀色的了。喂猪的老头儿在墙根靠着，笑盈盈地看着他的两头小白猪变成小金猪了。

请留意这一处：“大白狗变成红的了。红公鸡变成金的了。黑母鸡变成紫檀色的了。”前后紧密相连的三句话，却采用同样的句式，这样的写法显得板滞。萧红作为成熟的作家，一定不至于言语贫瘠至如此，她大可变换句式以求节奏的多元，如“大白狗变成红的了。红公鸡变成金色，黑母鸡也成了紫檀色”。虽然只改动了几个字，但整个语流的速度因此有了变化。很显然，原文的句子是缺乏生机与美感的。

那么，作者坚持这样写的原因何在？这很值得读者推敲。我们通过对原文语境的还原得到的关键信息是：此时观赏“火烧云”的，是一个小女孩——“我”。观察者的儿童视角一旦确定，这几个句子呈现出的文字风格就完全可以理解了：儿童的语言是平实的、稚气的，甚至有些琐碎。

这样的例子，同样出现在第三段——

这地方的火烧云变化极多，一会儿红彤彤的，一会儿金灿灿的，一会儿半紫半黄，一会儿半灰半百合色。

此句呈现出一种“低幼化”的文字风格。为了避免用词的单一与重复，作者完全可以将其中一两处的“一会儿”改为“时而……时而……”，既让语流发生变化，又让文字多了一份雅致。但这样一写，就不符合儿童的用语习惯了。可见，为了贴合儿童的身份，萧红在词语的选择上颇为讲究。

且看她笔下的词："大白狗""红公鸡""黑母鸡""小白猪""小金猪"……细心的读者定会发现，这些都是孩子的语言。如果这段话写成"晚饭过后，火烧云上来了。霞光照得小孩子的脸红红的。狗变成红的了。公鸡变成金的了。母鸡变成紫檀色的了。喂猪的老头儿在墙根靠着，笑盈盈地看着他的两头猪变成金色了"，童趣则荡然无存。

二、结构上的张力

仍是文本的第一段，请注意第一句话："晚饭过后，火烧云上来了。"这个句子很关键，很多读者却常常忽视。若孤立来看，这一句确实没有可圈可点之处。然而，若与全文最后一句，即"一会儿工夫，火烧云就下去了"一句对比来读，便将发现其大有妙处。

"晚饭过后"四字，为全文按下"慢放键"。据资料显示，火烧云出现的时间，不只在傍晚时分，日出时也有可能出现。然而，如果将作者所述时间放在"早晨"，整篇文本营造出的意境是有所不同的。

如果是在"早晨"，将会出现两种情形：要么人们都没起床，变幻多姿的火烧云没有"观众"，不值一写；要么就是人们已起床，但因为要开始一天的劳作无心观赏火烧云。总而言之，"早晨"时，人们的心理状态远不及"晚饭过后"来得惬意闲适。所以，作者将叙述时间安排在"晚饭过后"给人一种安详的感觉。这其实也为整个文本定下基调。

在"一会儿工夫，火烧云就下去了"一句里，我们发现了一个关键性的词"一会儿工夫"，旨在说明这场火烧云其实是非常短暂的。但读者在阅读文字欣赏火烧云的千姿百态时，非但没有光阴飞逝的感觉，反而有种应接不暇的视觉感，仿佛电影里的慢镜头。

出现这种心理体验的原因，在于首尾两句（“晚饭过后，火烧云上来了”及“一会儿工夫，火烧云下去了”）之间作者通过加入一组图像，使得这段时间在内容上趋于饱和与丰满。而且，这一组图像是一组“空镜头”，没有“人”的参与，唯有天上的火烧云及背后一双默默观赏火烧云的眼睛——“我”的眼睛。

读这篇文章，我们感到节奏上是舒缓的。其原因还在于作者在这“不一会儿工夫”中，有意特写了几幅画面，即文章的第 2 ~ 6 段，这就让文章在结构上产生一种张力。“一会儿工夫”也因其内容的丰富被人为拉长。

这种写作手法，同样出现在《穷人》一课。整篇课文所述时间，不是一天，不是一月，不是一年，而是在一个短暂的暴风雨的晚上。可是这段时间包含的信息却是充实的，桑娜的心理、渔夫的心理丰富了这个片段。西方很多作家的短篇小说多采用这种“截面描写”。其特点是，文段像一条可伸缩的线段，时间节点决定了文本在时间上的有限，但行文内容却对其进行填充。时间线被拉长了，文本的叙事节奏就变慢了。

点　评

“把握结构”是本文解读的最大亮点。若非作者慧眼独具，指点机杼，对文本叙事节奏的变异及价值，我们可能至今还是无知无觉。如作者所言，《火烧云》一文存在两种时间：一种是物理时间，由文章首尾所叙可知，火烧云存在的物理时间极短、极快；另一种则是心理时间，由文章主体内容可知，火烧云留给读者的心理时间似乎有点长、有点慢。造成这种变异的，自然是作者的叙事结构。结构单薄，心理时间就短暂；结构饱满，心理时间就舒缓。结构的饱满，往往取决于叙事手法的多变。无疑，《火烧云》的叙事手法是多姿多彩的，如“定格”（白变红、红变金、黑变紫、白变金）、“全景”（从西边一直烧到东边）、

"剪辑"（红彤彤、金灿灿、半紫半黄、半灰半百合色、葡萄灰、梨黄、茄子紫）、"特写"（一匹马、一条大狗、一头大狮子）、"虚化"（天空里又像这个又像那个）。正是一个接一个丰富且多变的镜头语言，让读者的心理时间长起来、慢下来。镜头语言的背后，则是一双对天地万物充满好奇的眼睛，是一颗面对天地大美全然忘我的心灵。如果我们的教学最终能让学生触及这样一双眼睛、这样一颗心灵，语文要素的落实就不至于沦为一种毫无生气的机械操练。

虚实回环　返璞归真

——叶圣陶《荷花》解读（统编语文三下）

中国文化背景下的“荷花”，由植物学定义上升为艺术审美范畴之后，成了一种“意象”。荷花，又称莲花，是高洁、清廉的象征。

文学作品中的荷花，大多情况下是作为一种“意象”出现的，承担着文化输出作用。这类作品往往呈现出一种特有的“情趣”。如周敦颐的《爱莲说》：“出淤泥而不染，濯清涟而不妖。”看似在说莲，实则暗喻如莲一般高洁的君子。《爱莲说》中“莲”的象征意味是很浓的。

叶圣陶先生的《荷花》一文，描述对象也是荷花（莲花），然而文本中“荷花”的象征性“情趣”被另一种“童趣”替代了。荷花在此文中成了作者直接抒情的客体。而且，作者所抒之情是一种孩童式的、单纯的、稚嫩的感情。

清早，我到公园去玩，一进门就闻到一阵清香。我赶紧往荷花池边跑去。

这是文章的第一段，完全是孩童式的语言。请注意作者的用词“玩”“跑”，这两处很值得玩味。作为成年人，去公园可能有多种原因，或闲庭漫步，或怡然赏玩……但从某种程度上说，这些用语都具有一些文学式的“高雅”，“玩”字则显得单纯、稚气多了。它是简单而纯粹的。“玩赏”，逻辑重心落在“赏”字；“游玩”，逻辑重心落在“游”字。二者之“玩”，都是带有目的性的。文中单用一个“玩”字，则显得纯粹，意味动机全发乎天性。这完全符合孩童的心理，是作者匠心所运处。

一闻到荷花的清香，作者“赶紧往荷花池边跑去”，这一“跑”字，将作者内心的热切程度之高完全表现出来。对于喜欢荷花的人来说，闻到荷花的清香，也许果真会不自主地加快步子，但我想，闻到清香便“赶紧往荷花池边跑去”的人应该不多，除了一种人——孩子。

是的，儿童的天真驱使他们毫无保留地将内心的喜好在肢体动作上表露无遗。因此，我们经常说，“他快乐得像个孩子”。孩子是什么样的？就是这样的，喜怒哀乐都毫无掩饰地表露出来。

开篇这一段，看似简单的一句话，其实是作者有意给予读者的一种心理暗示：这篇文章所述视角，不是成年人的，而是儿童的。这种视角转换后的写作，是整篇文章营造出的一种“童趣”审美的关键所在。

同样是叶圣陶先生的文章，同样是以植物为题材——对比阅读《爬山虎的脚》不难发现：两篇文章带来的阅读体验是完全不同的。与《荷花》一文相较，《爬山虎的脚》所含的“童趣”是相对薄弱的，因为作者的着力点并非凸显出文章的“童趣”，而在于说明爬山虎是如何通过“脚”附着在墙上这一现象的形成原因。它属于科普小品文范畴，呈现出一种“理趣”。所以，这类文章的语言是描述性的，几乎没有抒情成分。

在《荷花》一文中，作者全篇围绕荷花这一事物来展开。也就是说，作者对荷花的喜爱之情通篇即是。然而，这种“喜爱”在文本中表现出的审美层次是不一样的，呈现出一种递进式。

第二到第三自然段描写的是“真实的”荷花，这是作者对荷花喜爱之情的第一层次。

以作者对文字的驾驭能力，想要用充满诗情的笔墨描绘出一池荷花的姿态万千是不难的。然而，为了凸显出文本的“童趣”，他必须时刻在用词风格方面保持警惕，借此暗示读者：这篇文章是以儿童视角来观察荷花的。儿童视角的特殊性，决定了作者在文字的选择上要避免成人式的煽情，力求留住“孩子气”的天真与活泼——

荷叶挨挨挤挤的，像一个个碧绿的大圆盘。

这是一个比喻句。作者抓住荷叶“圆”这一特点，将其比喻成“大圆盘”。从文学审美角度来看此句，这样的比喻并不见高明，若论诗意就更谈不上了。也就是说，将此句从文章中割裂出来看，文采是十分平庸的。

李太白有句诗也作过类似的比喻：“小儿不识月，呼作白玉盘。”荷叶和圆月的共同特点是“圆”，以“圆盘”与之作比是一种很自然的联想。然而，同样是用“盘子”来凸显物体的“圆”这一特点，李太白与叶圣陶在创作手法上仍是有所区别的。

李太白对“圆盘”这个客体是加以修饰的：它不是普通的“圆盘”，而是“白玉盘”。“白玉”，便将圆月的光泽感，甚至“玉”的质感一并描写出来，而且，“白玉”带有非常高贵的感觉，“圆月”的形象在“白玉盘”的修饰下便丰富起来，因此具有一种如白玉般高贵、通透的美感。这句诗也因了“白玉盘”这一比喻，提升了文字的审美境界。

然而，细思起来，对此句诗却是要存疑的：“呼作白玉盘”的主体是“小时”（孩童），小儿语言原有的天真、质朴的“野味儿”在充满书卷味和诗人气质的“白玉盘”三字中被遮蔽了，因为这种描述语言属于成人式的歌颂。因此，这句诗因为精致妥帖的比喻更像作者对“小时不识月，呼作白玉盘”这一事实行为的转述。

与“白玉盘”这一精致的比喻对比，“大圆盘”的比喻显得逊色许多。然而，将“大圆盘”一词还原到整个句子，再将句子放回整篇文本来看，便会发现：这颇为“稚嫩”的比喻句，与整篇文本营造的“童趣”审美，组成有机统一体。可见，借儿童化的语言营造童真、童趣的审美氛围，正是这篇文章的特点所在。

白荷花在这些大圆盘之间冒出来。

此句中的“冒”字，以及上文中的“挨挨挤挤”值得推敲。教材中，这篇课文相关句子旁，编者用“‘挨挨挤挤’‘冒’用得真好！”这类提示性语句加以标注。可见，这几处用词的特别之处确乎引起了读者的关注。

那么，“挨挨挤挤”“冒”这类字眼到底“好”在哪里？

“挨挨挤挤”一词的使用，很显然是为了突出荷叶多而密的特点。古诗词中也有表达相同意思的诗句：“莲叶何田田”“接天莲叶无穷碧”，都是描述荷叶多而密的状态。相较之下，后两句古诗词很显然要诗意得多。“挨挨挤挤”，更多情况下是用以突出人群的一种无序感、拥挤感，它的审美趣味是相对弱化的。既然如此，作者为何仍要用这样一个词呢？

因为与古诗词的雅致相比，“挨挨挤挤”这一用语更接近口语化，属于非常平实、直白的事实描述。儿童语言的生动性便蕴藏于这种朴实之中。从生活实用上来说，“挨挨挤挤”这种形象化的描述更贴近儿童的生活经验。换言之，因活泼纯真的天性使然，这种“挨挨挤挤”簇拥在一起的感觉，对于儿童来说是一种快乐的体验。在儿童视角下完成的本文，“挨挨挤挤”一词显然更符合文本的“童趣气质”。也就是说，“挨挨挤挤”这类词语的运用，是与整篇文本的用语特色一脉相承的。

值得一提的是，很多教师在引导学生赏析“冒”字时，指出它写出了荷花的“动态美”，这是显而易见的。试问：“冒”字本身就是一个“动词”，用在这里不是一种“动态美”还能是“静态美”吗？可见，这样的赏析是不值得推敲的，我们在课堂上要做的是探讨出这种动态美究竟“美”在哪儿。

如果结合整篇文章“童趣气质”的审美取向，我们便能回答出这个问题：这个“冒”字之所以传神，在于它是对儿童特有的活泼、天真、充满生命力的特性的写照，在这种“动态”里有一种勃勃生机的俏皮。

这么多的白荷花，一朵有一朵的姿势。看看这一朵，很美；看看那一朵，也很美。如果把眼前的一池荷花看作一大幅活的画，那画家的本领可真了不起。

为了突出荷花的“美”（实则是为了表达对荷花的喜爱），作者用了一个看似重复啰唆的并列分句：“看看这一朵，很美；看看那一朵，也很美。”

关于这种重复啰唆的句子罗列笔法，并非因作者词穷，而是属于文学审美创作。鲁迅先生写过：“我家门前有两棵树。一棵是枣树，另外一棵也是枣树。”这种句子是很考验功底的，既考验作者驾驭文字的功底，更考验读者阅读文本时的审美功底。这看似重复的两个分句之间形式上是并列的，内容上却是递进的，传达的是一种感情的深化——

“看看这一朵，很美”，作者既然喜欢荷花，应该仔仔细细观赏一番才是，然而奇怪的是，他并没有用“观赏”“仔细观察”这类词，而是用一个“看看”。“看看”这个动作充满随意性。作者之所以这样措辞，意在说明：满池的荷花无须精挑细选，只消作者随意地“看看”，便无一例外都是美的。

如果孤立来看这一句，可以理解为它是一种事实描述，即这一池荷花确实都是很美的。在这一句中，作者对荷花的喜爱之情是含蓄隐晦的。然而再看下一个分句，就不难发现作者采用重复分句的用意所在——

“看看那一朵，也很美。”同样是随意地、不加挑选地“看看”，作者此时的内心体验通过细微的字句改变逐渐显露出来：这一分句，将上一句“这一朵”中的“这”此一近指代，用表示远指代的“那”字替换掉，一字之差，实则完成视觉上的转移。

将两个分句联系起来读，呈现出的画面是：一个活泼的孩子，因为实在太爱荷花了，在荷花池边应接不暇。这里看看，那里看看，近处看看，远处看看，不管怎么看，都觉得荷花是美的。荷花太多了、太美了，简直看不过来。

这种状态，作者是通过两个并列分句描述出来的，完全符合儿童的心理特征及用语习惯。作者在“看看”这一动作中，既完成对荷花喜爱之情的表达，又将儿童的天真形象准确地塑造出来。

如果把眼前的一池荷花看作一大幅活的画，那画家的本领可真了不起。

夸一个画家技艺之高妙可以有很多词，作者偏用了一个相对口语化的词——“了不起”，这是儿童式的赞美。这样的用词，让整篇文章的“童趣气质”一以贯之。

以上篇幅，属于作者喜爱荷花的第一层次。对这种喜爱之情的表达，作者是通过对“真实”荷花的外观描述，以及观赏荷花时的心理状态、动作行为来完成的。

如果接下去仍然在荷花的外观上花费笔墨，作者的感情只是在同一层面滑行，难免枯燥。于是，他转向表达对荷花喜爱之情的第二层次。

我忽然觉得自己仿佛就是一朵荷花，穿着雪白的衣裳，站在阳光里。一阵微风吹过来，我就翩翩起舞，雪白的衣裳随风飘动。不光是我一朵，一池的荷花都在舞蹈。风过了，我停止了舞蹈，静静地站在那儿。

此时作者不再写“真实的”荷花，转而写“想象中的”“心中的”荷花。我们看他是如何推进对荷花的喜爱之情的——

作者将自己融入满池的荷花，化身其中一朵。为了保证整篇文本“童趣气质”的融合统一，这里的“化身”为荷花也是很有特点的。

注意作者“化身”后的形象——“穿着雪白的衣裳”“一阵微风吹过来，我就翩翩起舞”“风过了，我停止了舞蹈，静静地站在那儿”。联系作者实际品味这几处：作者是我国教育家叶圣陶先生，写这篇文章时，毫无疑问，他已是成年男性。这样一个年龄阶段的男性，将自己想象成一个“穿着雪白的衣裳”“翩翩起舞”的形象是颇为荒诞的。可是，为什么我们在读到这些句子时却没有这种荒诞感呢？

因为早在文章的第一句话（“清早，我到公园去玩，一进门就闻到一阵清香。我赶紧往荷花池边跑去。”），作者便成功地完成成人视角与儿童视角的转换，即整篇文本是以一个孩子的口吻来叙述的。所以，我们在读这类句子时，早已忘记作者真实的身份（成年男性）。读者与作者间达成默契：这时的作者是一个天真的孩子。一个孩子幻想自己像仙子一般“翩翩起舞”，又有什么值得讶异的呢？

在这一段文字中，作者此时处于全然“忘我”的状态：他忘记了自己的身份（“人”），化作一朵“荷花”。这是花与人之间的共情。

在对荷花喜爱之情的第一层次中，作者与荷花是“隔着”的，虽在“看”荷花，但荷花是作者“看”这一动作行为的客体；对荷花喜爱之情的第二层次中，感情则递进了，因为作者与荷花之间实现了“零距离”，人即是花，花即是人。从中国古代朴素哲学角度来看，这全然达到天人合一的精神境界。

其实，若文本在此处结束，也是完整的，已经完成感情上的递进与升华。但勿要忘记这篇文本是力求抒写一种“童趣气质”的。设若在第二层次便结束全文，文本营造的整个“童趣”氛围将不再完整，甚至将在普遍性抒情散文格式中被磨灭。也就是说，行文若在第二层次的煽情处便戛然而止，该文本终将由“童趣气质”的“个性”走向抒情散文的“共性”。

为了唤醒读者对文本“童趣气质”的觉知，作者有意设计了这样一个结尾——

过了好一会儿，我才记起我不是荷花，我是在看荷花呢。

从内容上看，这句话意在将读者（包括赏花的“我”）从刚刚“花人合一”的状态拉回到现实。什么现实？一个天真的孩子在观赏荷花的现实。刚刚还那么沉醉地与花共舞，现在“大梦初醒”，原来“我不是荷花，我是在看荷花呢”。这一句将一个天真小孩子的形象再次深化：只有天真的孩子，才会轻易达到这种“忘我”的沉醉；只有纯粹的孩子，方能在“忘我”与“现实”中活泼、自如地转换。

假若此文以成人视角撰写，结尾处极有可能将“荷花”升华为“意象”，上升为文化象征，文章气质必将呈现出一种“理趣”。此文结尾处，回归到“孩子”的身份，很显然作者在文本“童趣气质”的完整性上实现了统一。

这样的结尾，在结构上也呈现出独特风貌：由现实写到想象，再由想象回归到现实，形成“虚与实”的回环结构。

点　评

对《荷花》一文的解读，令人拍案称奇！之前读《荷花》，诸多看似平淡无奇的遣词造句、中规中矩的谋篇布局，经作者此番阐释，大有化腐朽为神奇之感！不得不说，“儿童视角”的确证，是神奇之感、称奇之叹的根柢所在。正是秉持叶圣陶先生“儿童视角”的创作本怀，作者放笔以童趣示人，评倒多少迂腐俗见，其行文之酣畅淋漓，真有飞流直下、势如破竹的痛快！此文解读，再次证明解读视角的重要意义。若非“儿童视角”确立在先，“童趣意旨”贯通始终，则“大圆盘”的比喻、“挨挨挤挤”的形容、“看看这一朵……看看那一朵……”的重复、“在阳光下翩翩起舞”的想象等诸多笔墨，都将黯然失色、了无意趣；“现实—想象—现实”的机械布局、写荷花却不写文学意象的拓展、文化品格的象征、文脉伏延的呼应等诸多诟病，亦将一一坐实、贻笑大方。说到底，上述种种究非叶老笔力不逮、火候欠佳所致，实乃读者视域逼仄、囿于局部所为。倘能如作者般卓见洽闻，自有登泰山而小天下之境矣！

打开心眼　如实观照

——吴然《走月亮》解读（统编语文四上）

《走月亮》是统编小学语文教材四年级上册第一单元的第二篇课文。此文标题“走月亮”三字，若用现代汉语语法规范作分析，为动宾结构，即“月亮”为“走”这一动作行为的宾语。但这样的逻辑关系若以感性认识而论，则毫无逻辑可言。

在这里，语言逻辑与感性认识发生错位，是“走月亮”这一短语的陌生化表述所致。这是此文颇值得推敲的一种语言现象。

正因“走月亮”这一表述的陌生化，所以对于读者而言，“走月亮”这一概念所指的内涵是不确定的，即不同的读者读到“走月亮”三字，联想到的画面因人而异。由“走月亮”三字大致可能引发读者作如下猜想：若从走路的人的视角而言，“走月亮”是人在月光下行走，“人”是“走”这一动作的主体，整幅画面营造的基调趋于宁静；若从月亮视角观之，“走月亮”便是月亮在行走，即“月亮”为“走”的主语，这幅画面同样有种清幽之趣。可见，从不同角度解读“走月亮”三字，将得出不同的风貌情趣，然其精神内核是趋于同样的安宁氛围。

其实，“走月亮”语出有据。沈复在《浮生六记》中早有提及：“中秋日，吴俗，妇女是晚不拘大家小户，皆出，结队而游，名曰‘走月亮’。”清顾禄《清嘉录》有语：“妇女盛妆出游，互相往还，或随喜尼菴。鸡声喔，喔，犹婆娑月下，谓之‘走月亮’。”

可见，“走月亮”是一种吉祥喜气的民间风俗。然而，阅读《走月亮》这一文本后可知，此文的“走月亮”并非指上文所述的这种民间风俗。唯一相同的是，两种行为皆透出一种有意无意的诗意情味。

“走月亮”三字，为整篇文章打下了底色，也就是常说的“文章基调”：月光洒落下一片宁谧、温馨、恬淡的诗意。

这在全文的第一句得到了确证——

秋天的夜晚，月亮升起来了，从洱海那边升起来了。

作者和母亲“走月亮”，一定不只是在秋天。任何一个季节，任何一个可能的夜晚，他都能和母亲在月光下漫步。然而，作者却将季节定格在秋天，这绝非偶然。

“秋”，是中国文化传统中文人抒怀的一个文学母题。古诗里以“秋”为主题的诗歌不胜枚举。文学里的“秋”，不只是一个寻常的季节，它更成了一种意象，一种特定的文化：孤寂、飘零、离愁、闺怨……这类情感在文学作品中的抒写，均以“秋”为载体。虽然有诗人为此做过“破格”的尝试，刘禹锡诗“自古逢秋悲寂寥，我言秋日胜春朝”，然到底不足以打破中国文人潜意识里对“秋”的传统认知与界定。

值得一提的是，本单元的四篇选文，所叙时间均发生在秋季。虽然直觉告诉我们，编者最初并非意在以“秋”作为单元主题来安排选文，这一现象实属偶然，然细思之，却不得不承认，这种“巧合”实则展现在中国传统文化精神之光的统照下，中国文人在集体无意识中又一次出现“文化邂逅”。

本单元的四篇选文分别为——

《观潮》：“农历八月十八是一年一度的观潮日。”农历八月，理应属秋天。

《走月亮》：“秋天的夜晚，月亮升起来了。”是秋天。

《现代诗二首》第一首《秋晚的江上》，是秋天。

《繁星》："从前在家乡七八月的夜晚，在庭院里纳凉的时候，我最爱看天上的密密麻麻的星星"，依然是秋天。

同样是记叙秋天，每篇文章里传递的感情却不尽相同。吴然笔下的秋，有它独特的魅力：并非萧瑟与凄凉，反而有一份淡淡的温馨。

缘何如此，这便要求读者用敏锐的眼睛照亮字里行间的每一处。

一、节奏的张弛

《走月亮》读来给人一种舒缓、安宁的感觉，这得益于作者行文时懂得把控节奏。好比一首乐曲，试图演绎慷慨激昂，若无轻重缓急之变，顶多只能算是激昂，并无慷慨；欲演奏平静悠扬，若一味保持音律的低吟，终将沦为闻一多笔下的"这是一沟绝望的死水"。

可见，把控节奏，无论在音乐艺术或是文学艺术领域中，均不可忽视。我们且看《走月亮》一文作者是如何转换文字节奏，从而调控读者阅读心理的。

1.段落内部的变奏

举第四段为例——

细细的溪水，流着山草和野花的香味，流着月光。灰白色的鹅卵石布满河床。哟，卵石间有多少可爱的小水塘啊，每个小水塘都抱着一个月亮！哦，阿妈，白天你在溪里洗衣裳，而我，用树叶做小船，运载许多新鲜的花瓣……哦，阿妈，我们到溪边去吧，去看看小水塘，看看水塘里的月亮，看看我采过野花的地方。

这段文字是蕴含层次的。

第一层次为写景，作者将月光下的溪水及河床之貌描绘了一番，即"细细的溪水，流着山草和野花的香味，流着月光。灰白色的鹅卵石布满河床。

哟，卵石间有多少可爱的小水塘啊，每个小水塘都抱着一个月亮！”若一直将风景续写下去，作者可能还会写到更多事物，但那样行文是危险的，易于出现散文一味堆叠意象的诟病，极易让读者因枯燥事物的罗列产生审美疲劳。

于是，描绘完景色后，作者笔触戛然而止，转而将“倾诉对象”由读者转向母亲，即采用第二人称展开对母亲的“倾诉”：“哦，阿妈，白天你在溪里洗衣裳，而我，用树叶做小船，运载许多新鲜的花瓣……哦，阿妈，我们到溪边去吧，去看看小水塘，看看水塘里的月亮，看看我采过野花的地方。”作者写此文时，母亲可能不在近旁，但这样的倾诉拉近了作者与母亲、与那个月光下和母亲同行的夜晚之间的心理距离，也拉近了与读者的心理距离，因为在这样的叙述中，读者仿佛也参与到作者与母亲的月光下的对话中，在一旁静静聆听着。

这样的行文笔法，同样出现在第六段，不复赘述。

2.段落之间的变奏

这样一句话在全文多次出现，即“啊，我和阿妈走月亮！”分别出现在第三段末、第五段（独立成段）、第七段、第九段。也就是说，这几句话中间夹杂着的是第四段、第六段、第八段。

一个有意思的现象出现了。接受过乐理训练的人会敏锐地发现，这样的行文结构与音乐中的段落反复记号非常相似。至于为何要“反复”，不辩自明，当然是为了突出、强调。

突出什么？强调什么？不妨再走进“被强调”的第四、六、八段，读者将发现，每一段文字所述内容都是作者与母亲在走月亮时的回忆，且所叙述的地点一直在变换：由第四段的溪水边转向第六段的村道旁，再走到第八段的石拱桥……

我们用眼睛看到了地点在变，用心、眼却看到了作者的感情也在变化，并在变化中不断推进，“向青草更青处漫溯”。

二、语言的反复

一篇文章的言语生命呈现出明快或哀婉的不同气象，除了因人人可捕捉的意象所致之外，更有作者独具魅力的语言特色。在这篇文章里，“反复”可算作其语言特色之一。

请看这几处文字——

1. 秋天的夜晚，月亮升起来了，从洱海那边升起来了。

2. 月亮是那样柔和，照亮了高高的点苍山，照亮了村头的大青树，也照亮了，照亮了村建的大道和小路……

3. 有时，阿妈给我讲月亮的故事，一个古老的传说；有时，却什么也不讲，只是静静地走着，走着。

4. 我突然看见，美丽的月亮牵着那些闪闪烁烁的小星星，好像也在天上走着，走着……

便于同类比较，现将第 1、2 句归为第一组，第 3、4 句为第二组以作探讨。先看第一组句子——

不妨比较一下，作者大可将第一句写作“秋天的夜晚，月亮从洱海那边升起来了”。同理，第二句则可写作“月亮是那样柔和，照亮了高高的点苍山、照亮了村头的大青树和村建的大道和小路……”这样一改，句子意思非但没有改变，似乎更加简练。然仔细对比阅读，便会发现句中的情味没有了，因为删掉“月亮升起来了”“也照亮了”二处之后，句子的节奏变得紧凑。

“秋天的夜晚，月亮升起来了”这句话告诉读者一个事实——月亮升起来了。此处是一种事实描述，作者感情趋于平淡。那么，句末添上一句“从洱海那边升起来了”，笔触便由客观描述转为主观抒情：作者因为实在喜爱那样的月色，于是又贪恋地、留恋地向月亮张望了一眼。这一眼，看得比之前更为真切，月亮是从洱海那边款款地升起来的。作者在那个月夜里藏匿的感情，就在这样的看似重复中隐晦而朦胧地表达了出来。这看似不经意的重复，也将整个句子的节奏变得舒缓。第二句同理，不再作分析。

再看第二组句子：“有时，阿妈给我讲月亮的故事，一个古老的传说；有时，却什么也不讲，只是静静地走着，走着。”对比句可改写成“有时，阿妈给我讲月亮的故事，一个古老的传说；有时，却什么也不讲，只是静静地走着”，即删掉句末的“走着”二字。不难发现，改后的句子只是对我与母亲在月光下“走着”这一动作行为的机械陈述，而原句中“只是静静地走着，走着”，节奏舒缓，感情便随之漫溢。“走着”二字的重复，背后隐藏的是作者情感的流露，是一种依恋、且行且爱且珍惜的分量感。

我们阅读文章，若仅停留在所谓“主旨”“中心思想”“作者要表达的感情”层面，终属于浅层阅读，处于“知其然”的初级阶段。至于“知其所以然”，则需要我们打开心眼，潜心观照文本内，观照不为多数人留意的形式背后的深层意蕴。

点　评

东坡的“味摩诘之诗，诗中有画；观摩诘之画，画中有诗”，读者诸君想必早已耳熟能详。这是论诗与画的关系，殊不知，从某种意义上讲，诗与乐的关系要远胜于诗与画的关系。作者对《走月亮》的解读，即着眼于这层关系。“基调”“节奏”“重复”“宁静”“喜悦”“温馨”这些语词，与其说是一种文本解读的语义称谓，毋宁说是某种如歌般的音乐标识。作者虽未明言，其实，在作者心中，《走月亮》就是一首美妙动人的歌曲。作者启发我们，要像鉴赏歌曲一样鉴赏这篇如诗的美文。一首歌曲的结构，通常由“前奏”“主歌”“副歌”和“尾奏”组成。前奏铺垫基调、渲染氛围，《走月亮》的第一自然段不就是前奏吗？主歌叙述内容、铺陈情节，《走月亮》的第二自然段（月照洱海）、第四自然段（月照溪水）、第六自然段（月照果园、月照稻田）、第八自然段（月照母子）不就是主歌吗？副歌直抒胸臆、复沓回环，第三自然段的“啊，我和阿妈走月亮”、第五自然段的“啊，我和阿妈走月亮”、第七自然段的“啊，我和阿妈走月亮”、第九自然段的“多么奇妙的夜晚啊，我和阿妈走月亮”不就是副歌吗？至于尾奏，或延续基调，或补充思想，或拓展意境，或戛然而止，第九自然段不也同时是整首歌曲的尾奏吗？如果我们的教学能让学生读出这样的音乐性，那该是一堂多么美妙的语文课啊！

一切皆为最好的安排

——安徒生《一个豆荚里的五粒豆》解读（统编语文四上）

《一个豆荚里的五粒豆》是丹麦作家安徒生写作的一篇童话，出现在统编小学语文教材四年级上册第二单元。

“童话”一词在《现代汉语词典》中的定义是：儿童文学的一种体裁，通过丰富的想象、幻想和夸张来编写适合于儿童欣赏的故事。

注意几个关键词：“想象”“幻想”“夸张”“适合于儿童欣赏”。很显然，前三者并不是“童话”这一体裁的特性，其他体裁的文章同样可以通过想象、幻想、夸张来达到艺术效果，如小说、寓言、传说等。所以，教师一接触童话这类体裁的课文，便想方设法在“丰富的想象”这一点上作文章，实在是因思维惯性所致的审美遮蔽。私以为，定义中“适合于儿童欣赏”这一点，似乎更符合“童话”这一体裁的特性。

在童话里，鸟兽虫鱼、草木星辰皆有生命，与人类一样拥有丰富的情感。这与现实生活拉开了距离，形成一种错位。因为这种错位，童话才具有其独特的艺术魅力。然而，仅有错位是远远不够的。在这种错位的基础上，作者如何将故事准确定位在“适合于儿童欣赏”这一坐标上，才是童话创作能否达到艺术效果的关键。

“适合于儿童欣赏”，最忌讳的是空洞的煽情与生硬的说教。童话对真善美的宣扬，需要做到润物细无声，即确保儿童在阅读过程中无须借助外力的解说，通过阅读故事本身，便能达到心领神会的一种艺术效果。这便对童话的创作提出更高要求。

《一个豆荚里的五粒豆》这篇童话的主人公是一粒豌豆，借助这粒豌豆的经历，安徒生试图将一种向上的、充满力量的温暖传递给儿童读者：再小的生命个体，也能拥有属于自己的能量，并为这个世界增添温暖。

安徒生对“真善美”的弘扬，并非通过理性的说教，而是借助“适合于儿童欣赏”的语言、情节来完成的。

这篇童话在行文结构上有其特点，铺设了两条对比线以推动情节发展：一条为显性对比线，即五粒豌豆之间的对比；另一条为隐性对比线，即这粒豌豆与自身的对比。这两条对比线将文章切割为三部分。

第一部分是五粒豌豆之间的对比。

豆荚里的五粒豆成熟了，被男孩摘下后，它们开始了对未来的憧憬：

1.“现在我要飞到广阔的世界里去了！如果你能捉住我，就请来吧！”第一粒豌豆说完就飞走了。

2.“我，”第二粒说，“我将直接飞进太阳里去。这才像一粒豌豆呢，而且与我的身份非常相称！”于是，它也飞走了。

3.“我们到了哪儿，就在哪儿住下来。”接下来的两粒说，“不过，我们还得向前滚。”……但这两粒豌豆最终还是被装进玩具枪里去了。它们说：“我们才会飞得最远呢！”

4.“该怎么样就怎么样吧！”最后的那一粒说。

这是五粒豌豆之间的第一次对比。作者通过语言描写的形式，将最后一粒豌豆与其余四粒豌豆拉开距离。前四粒豌豆的“人生目标”分别是“广阔的世界”“太阳里”“最远（的地方）”。其实，这三种目标是同质的，都具有“宏大”“高远”的性质。与这类目标相比，最后一粒豌豆的目标似乎显得“特别”，它仿佛没有目标——“该怎么样就怎么样吧！”这句话与前四粒豌豆的目标呈现出的“宏大”“高远”状态形成强烈反差，颇具“迷茫”色彩。

这一次对比，是此篇童话的引子，一个关于前情的交代。儿童读者通过五粒豌豆各自的话，初步形成感性认知：有一粒豌豆的“目标”与其余四粒豌豆是不一样的。也就是说，通过这种对比，儿童读者自发筛选出不同于其他的“特别”的那粒豌豆。这种发现是儿童读者在五粒豌豆语言的对比中自主形成的，并非作者生硬地“给出概念”。

设若作者省去五粒豌豆之间的这次对话，直接从这粒豌豆展开故事，那便是直接告知。虽然这种行文方式仍然保持了故事的完整性，然而在“适合于儿童欣赏”这一文体特征上，却是令人存疑的。欣赏是一个延续性的状态，它有一个过程，作者设计的五粒豌豆之间的对话，就是保证了儿童读者独立欣赏这一过程的存在土壤。通过这样一种对比，儿童读者心领神会地从普遍性中筛选出特殊性。

第二次对比是这粒豌豆与自身的对比。

值得一提的是，叶君健先生在翻译此文时，对词句的选择是十分讲究的。他选择了“粒”这个单位，而非“颗”。“一颗豌豆”与“一粒豌豆”在内容表达上是有区别的：“颗”，仅表明豌豆的形状为“球型”；“粒”字不仅描述了形状，还表达了体积上的微小感。

这次对比，是“这粒”豌豆自身体积的“微小”与能量的“巨大”之间的比较，这种反差带来的艺术效果是强烈的。

在豌豆体积的“微小”与能量的“巨大”对比中，作者是通过两个层次来完成的。第一层次的能量“巨大”体现在这粒豌豆外观的变化上。

它被射到空中，落到顶楼窗子下面的一块旧板子上，正好钻进一个长满青苔的裂缝里。青苔把它裹起来，它躺在那儿，真可以说变成了一个囚犯。

这粒豌豆最后的生存环境是：“一块旧板子”“长满青苔的裂缝里”。“旧”“长满青苔”暗示这个地方少为人关注，是一个被人遗忘的角落。可见，这样的生存环境是极为恶劣的。作者还嫌这种暗示不够，便用“囚犯”一词来形容此时的豌豆，加剧这种狼狈感。在这样的生存环境下，这粒豌豆的命运却让人始料未及——

1. 原来是一粒小豌豆在这里生了根，还长出小叶子来了。

2. 真的，它现在要开花了！

3. 窗子打开了，她面前是一朵盛开的、紫色的豌豆花。

这是通过小女孩的眼睛观察到的这粒豌豆后来的状态。它非但没有妥协于恶劣的生存环境，反而生根发芽，最终开出了花。这是能量巨大的一种体现。而这种能量是显而易见的，儿童读者仍能独立发现。

此处关于这粒豌豆自身体积的“微小”与能量的“巨大”之间的比较，属于作者在这一组对比中表现的第一个层面。

这粒豌豆巨大能量的更深层面的体现，需要借助一个载体。于是，作者在这一部分的文字中加入了新的人物形象——一个身体虚弱的小女孩。对小女孩的描写，文本中有一处关键性的句子：

在这个小小的顶楼里住着一个穷苦的女人。她有一个独生女儿，身体非常虚弱，躺在床上一整年了。

小女孩的家庭条件是“穷苦”的，身体状态是“非常虚弱”的。很显然，这是一个在微弱生命能量中孤独成长的女孩。一天，她躺在床榻上，意外发现了窗户缝隙里那个“绿东西”，那是豌豆落在木板缝隙后发芽了。

母亲“仔细地用一根小棍子把这株植物支起来，好使它不至于被风吹断”。就这样，母亲白天出去工作时，孤单的小女孩就趴在窗台上看着这一株小植物。她一天天发现，自己“好一些了”。

童话最后，小女孩的形象是这样的——

此时，顶楼窗子旁那个小女孩——她的脸上洋溢着健康的光彩，她的眼睛发着亮光——正注视着豌豆花，快乐地微笑着。

正是这粒豌豆的存在，让病中孤独的女孩有了陪伴，有了希望，她才得以慢慢痊愈。作者通过女孩状态的改变，将豌豆无声的、为他人传递希望的巨大能量表达了出来。

这是此篇童话中，关于这粒豌豆自身体积的“微小”与能量的“巨大”之间的比较的第二层面。作者是通过这粒豌豆虽然身在恶劣环境中却依然给予小女孩希望，从而改变女孩的命运轨迹来完成的。

这部分内容完成后，文本又回归到第一种对比：五粒豌豆之间的对比。

离开豆荚后的五粒豌豆，有了不同的命运。这一部分对五粒豌豆的现状作了交代。

1. 其余的几粒豌豆呢？曾经想飞到广阔世界里去的那一粒，它落到了屋顶的水笕里，被一只鸽子吃掉了。那两粒在地上打滚的豌豆也没有走多远，也被鸽子吃掉了。它们还算有些实际的用途。那本来想飞进太阳里去的豌豆，却落到了水沟里，在脏水里躺了好几个星期，而且涨得大大的。

2. 此时，顶楼窗子旁那个小女孩——她的脸上洋溢着健康的光彩，她的眼睛发着亮光——正注视着豌豆花，快乐地微笑着。

五粒豌豆，五种未来，到底哪一粒豌豆“走得最远”？这是不需要说教的，通过形象的对比，儿童读者自有判断。“适合于儿童欣赏”的文本特色，就是在两种对比中完成的。

作者让这样一朵童话之花盛开在一粒豌豆与一个虚弱的女孩之间，绝非偶然。女孩与豌豆，皆为这个有情世界里最娇嫩、最微茫的生命个体象征。正是这类看似卑微、不堪一击的灵魂，他们的内心深处却包裹着巨大的能量，能穿透各色生命形式，用最温柔的光芒照亮身旁。

这篇童话入选教材，让更多纯净的心读到她、感受到她，读者与文本之间互成一个微小而巨大的世界。我们的灵魂需要这样的一份干净来润泽，这样纯美的文字同样需要遇见有心的读者，方能因为懂得而“走得最远”。

能在教材中遇见，是何其殊胜的缘分！

一切皆为最好的安排。

点 评

“读者意识”的觉醒，不仅对作者至关重要，对读者本身也同样重要。此文解读的独到功夫，全在“读者意识”上。对童话这类文体的界定，多数人关切的是其写作手法——想象、幻想与夸张，作者眷注的却是其写作对象——适合于儿童欣赏。于是，解读就以“适合于儿童欣赏”为经，以故事中出现的三次对比情节为纬，层层剖析，时时返照，终至于揭示出“适合于儿童欣赏”的写作秘妙，给读者诸君以“原来如此”的领悟。且看作者鞭辟入里的剖析：第一次对比，以其他豌豆的宏大目标为背景，凸显出最后一粒豌豆的“非主流性”，引发作为理想读者的儿童的关注；第二次对比，以最后一粒豌豆的初始困境为背景，凸显其成长过程所展现的惊人的“生命性”，引发儿童强烈的认知惊讶；第三次对比，以其他豌豆乏善可陈的结局为背景，凸显出最后一粒豌豆对其他生命的“感染性”，引发儿童对自我生命价值的觉察与省思。每一层次的解读，作者都试图探寻儿童阅读的心灵密码，努力将“适合于儿童阅读”的解读意识坚持到底。

文随意转　意随境转

——高洪波《陀螺》解读（统编语文四上）

《陀螺》是一篇关于童年生活的回忆性散文。

在童年生活的漫长风景画卷中，作者选择了“陀螺”这一儿时玩具作为写作焦点，字里行间流露出儿童的天真烂漫。作者在行文时，通过转变写作视角，将文本的“回忆性”落到实处。儿童视角与成人视角之间的切换，是时间维度上的由“过去”到“现在”，更是心灵维度上的心境转换。

文章以“陀螺”为题，而在第一段作者却告诉我们，在他的故乡，这种玩具并不叫“陀螺”，而叫作“冰尜儿”。那么，作者为什么不以“冰尜儿”为题呢?

为此，首先来探讨文学审美这一话题。与欧洲浪漫主义文学不同，中国的文学更多地追寻文本的含蓄之美。作者之所以摒弃具有地方色彩的“冰尜儿”，选择为大众熟识的概念“陀螺”作为文题，实则为文学表达上的一种抑制。关于由这种抑制折射出的文本美妙，留待后文再作探讨。

这篇文章的语言风格是活泼的，并在活泼里藏有深情。之所以呈现出“活泼与深情”并存的这一语言特质，在于作者行文时写作视角上的切换。文章的前部分是作者成年后对童年的一次回顾，巧妙地对时空线进行剪辑，退回到已逝的儿童时期。

在后文，作者的视角回归到“当下”，即成年后。其创作姿态由前文的身临其境转换为对儿童时期的回忆，透露出一种成人式的深情缅怀。正因这种叙述角度的切换，文章不仅有孩童式的活泼，更有一份成人式的深情。

文章的这一段揭示了这种写作身份的转变——

这真是个辉煌的时刻！我尝到了胜利的滋味，品到了幸运的甜头。无意中获得的“荣誉”，虽然小如微尘，对好胜的孩子来说，也足以陶醉许久了——直到现在我还能兴致勃勃地写下这些文字，便是一种有力的证明吧！

破折号前面的一切文字（从第一段开始至“陶醉许久了”），作者是站在儿童立场上，以“过去的我”的视角来写作的，即这部分文字是以孩子的口吻来叙述的。破折号之后的文字，直至全文结束，作者回归到成年人的身份，对前文所述的童年时光做了最后一次追忆。

两个时间段的文字风格是全然不同的，抒发的情感却聚焦到同一点上——对童年天真烂漫时光的留恋。

先来品读破折号前面的文字，即以儿童视角叙述的文字，看看作者是如何表达对儿童时期的留恋之情的。

做冰尜儿用的是木头，柳木、榆木、松木、枣木、梨木都可以。

这是文章第二自然段中的一句话。很显然，它在逻辑上是不严谨的。难道制作冰尜儿只能用作者列举的几种树木吗？别的木头就做不成吗？为了避免读者的这种严苛，作者完全可以删掉后半部分，只保留“做冰尜儿用的是木头”一句。

但这样一改，精练是精练了，然而句子中饱含的孩子对冰尜儿的喜爱程度之深，不惜四处寻找材料制作冰尜儿的热情却荡然无存。可见，这种“不合逻辑”的话语，其表达方式完全符合孩子的心理特点，用清代词论家贺裳的话来说就是“无理而妙”。作者之所以列举那些木材的名字，并不是作为说明指导性的文字，而是为了突出自己儿时对做冰尜儿这件事乐此不疲。也就是说，这句“不严谨”的话，不为一种“理趣”，实为一种“情趣”。

这种猜想在文章第四自然段中得到了回应——

> 于是四处寻找木头，为削出得心应手的陀螺，就差没把椅子腿拿来“废物利用”了。为此不知挨了多少责骂，可仍然不肯住手。

看来，“我”为了制作冰尜儿，确实在“四处寻找”木头。于是，第二段提到的“做冰尜儿用的是木头，柳木、榆木、松木、枣木、梨木都可以”，在这里得到“确证”。可见，这几种木头都是“我”为了制作得心应手的冰尜儿而“不辞辛劳”苦寻过的。同时，在这段文字中，我们得知，为了做冰尜儿，“我”受到诸多阻碍，但尽管如此也“仍然不肯住手”。这种执着当然是出自对冰尜儿的喜爱。

作为“儿童立场”的叙述，作者在措辞上是很讲究的。

> 好的冰尜儿尖部嵌一颗滚珠，转起来能增加许多妩媚。
>
> 冰尜儿都不胡裂开，能毫无怨言地让你抽打，在冰面上旋转、舞蹈。

作为语文教师，对这两处文字应该是很敏感的：这两句话属于拟人的修辞手法。然而，光停留在“拟人”这一概念上赏析句子是不够的要看拟人手法的具体使用方为要务。

“妩媚”“毫无怨言”“旋转”“舞蹈”这类词很显然是在告诉读者，在作者眼中这冰尜儿犹如“女孩”。而“女孩”只是一个概念、一种定义，具体是个什么样的女孩呢？就要我们具体来分析了。

结合“妩媚”“旋转”“舞蹈”儿处词语加以联想，不难发现作者要表达的感情：原来在作者眼中，这冰尜儿像是一个拥有曼妙身姿、娇嫩的女孩！不仅如此，这个“女孩”虽然娇嫩如许，却拥有生命韧劲，不然“她”如何做到“毫无怨言地让你抽打”呢？“毫无怨言”用得多么传神！分析到这里，我们才算真正地透过“拟人”这一概念，深入作者内心深处，感受到他对冰尜儿的赏悦与心疼。

作者对儿童心理的揣摩是十分精准的。我们读这篇文章会发现，作者写到与小伙伴斗冰尜儿时，竟不曾对斗冰尜儿的人加以任何细节性描写，对斗冰尜儿的人长什么模样、穿什么样的衣服，我们一概不知，他把“斗争”中的“冰尜儿”作为唯一写作目标——

大陀螺摇头晃脑，挺着肚皮一次次冲过来，我的“鸭蛋”则不动声色地闪躲。一次次冲击，一次次闪躲，终于无法避开，它们狠狠地撞上了！

奇怪的是，我的陀螺个头小，却顽强得出奇！明明被撞翻在一边，一扭身又照样旋转起来。它圆头圆脑，好像上下左右都能找到支撑点似的。结果呢，大陀螺在这个始终立于不败之地的对手面前，彻底溃败了。

这两段文字是对小伙伴斗冰尜儿时的细节描写，或者说是一组特写。对谁的特写呢？不是玩冰尜儿的人，而是对那两只冰尜儿。

这是很容易被读者忽略的好文字。为何此处会出现对冰尜儿的特写呢？仍然是因为作者行文时对儿童视角的自觉。作者现在的身份是“儿童”，借这样的文字告诉读者，这两段文字背后是一双充满童真的眼睛，这双眼睛正紧紧盯着这一对陀螺，哪里还有心思看一眼身边的伙伴呢？

这才是文字充满童真的原因——作者选择以儿童视角、儿童式的语言来叙述。唯有深知这一点，我们在赏析文字时才能感应到其背后的光芒。

在“回忆部分”的文字中，作者还有一个用语特点便是“大词小用”，其表现效果与俄国形式主义提出的陌生化效果颇为相似。

大陀螺在这个始终立于不败之地的对手面前，彻底溃败了。

这真是个辉煌的时刻！

无意中获得的“荣誉”。

请注意此处的几个词语：“溃败”“辉煌”“荣誉”。我们通常在形容战争中战败的一方才用“溃败”一词，“辉煌”与“荣誉”更是用在庄重的场合。小孩子之间的斗冰尜儿游戏，作者却用这样严肃的字眼，一方面表现了孩子的天真与可爱，另一方面也说明在孩子的眼中“事无小事”，都是“大事”。

这完全符合儿童的认知特点。可见作者对儿童心理的体验与拿捏是十分精到的。

对于破折号后的文字，作者则完全转入成人视角写作。

我的冰尜儿，木工随便选出的小木头块，丑小鸭生出的一只丑鸭蛋，在童年的一个冬日里，给了我极大的欢乐和由衷的自豪。

此处对于冰尜儿的审美，作者完全回归到成年人式的理性标准。它不再具备童年时孩子眼中的“妩媚”“英武的风姿”“辉煌”等特征。在此刻的作者眼中，它不过是由“木工随便旋出”的“小木头块”“丑鸭蛋”。可见，前述一段破折号一处前后文字的转折，不仅完成写作时空的转折、全文文脉的转折，更实现了作者内心情感的转折。这个破折号下喻示的诸多转折，只为告诉读者一个事实——

此时的作者已经长大，童年成为一段遥不可及的回忆。

基于以上分析，再回头来解答此文开篇提出的疑问：作者为何不以“冰尜儿”而以“陀螺”为题？

无疑，对于作者而言，“冰尜儿”比“陀螺”更具有特殊意义，它是作者童年回忆的缩影。如果在标题中作者便将承载童年回忆重量的“冰尜儿”这一概念生硬地推给不知情的读者，对于读者来说是无法接受的。因为“冰尜儿”属作者故乡地方语言，读者对此全然陌生。也就是说，对于读者，这个充满作者强烈个人感情的词是陌生而突兀的。作者试图通过“冰尜儿”这一词实现与读者的情感共鸣，可能性几乎为零。

考虑到这一点，作者先遮掩了个人感情，用看似平常的“陀螺”一词为题，反而显得潇洒。

直至读完全文，读者体验到作者所要传达的感情后，再回头来品味“陀螺”二字，恍然发觉这一看似平寻常的词语、不足为奇的事物，竟然承载着一个儿童最甜蜜的宝贵时光。此时“陀螺”这一概念，因读者与作者心灵交流通道的打通，最终饱满起来。

点 评

本单元的语文要素是“学习用批注的方法阅读”。假如要批注《陀螺》，只能是一处，作者一定会把这唯一的批注献给文中的第二个破折号：“——直到现在我还能兴致勃勃地写下这些文字。”为何如此抉择？无他，因为这个破折号承载的意义实在太重太多了。作者对此已经作了非常精到的阐释，这是写作视角的转折，是叙事时空的转折，是文章意脉的转折，是思想情感的转折。真的是一语点醒梦中人啊！其实，《陀螺》一文写至该破折号前，以“对好胜的孩子来说，也足以陶醉许久了”结尾，也未尝不可，叙事依然完整，结构依然完备，风格依然完好。若果真如此，损失将是巨大的。其一，损失了眷恋童年的情趣；其二，损失了时空更替的意趣；其三，损失了感悟人生的理趣。徒留玩转陀螺的童趣，内容就会显得单薄，思想就会流于表面，情感就会落入平淡。始信古人言，“文章之妙，全在转者。转则不板，转则不穷。如游名山，到山穷水尽处，忽又峰回路转，另有一种洞天，使人应接不暇，则耳目大快矣”（杨振纲《诗品解》）。

任是“无情”也动人

——丰子恺《白鹅》解读（统编语文四下）

丰子恺先生被冠以中国现代画家、散文家、美术教育家、音乐教育家、漫画家、作家、书法家、翻译家等多重头衔。在这类为艺术奉献一生、干干净净的灵魂面前，我们唯有肃然起敬。

不得不承认，当笔者初读统编小学语文教材丰子恺先生的这篇《白鹅》选文时，实在无法对其“一见钟情”，因为它呈现出一种教科书式的“教材体”形态。这种颇为主观的判断，有其成因：《白鹅》一文在教材中以规整的文字编排结构呈现——典型的“总—分”结构，即先以“高傲”这一定义总领全文，然后从白鹅之叫声、步调、吃相三方面分别加以旁证。为了引导教师将这种结构特色落实在具体的课堂教学中，编者不忘在“过渡段”一处提出问题：“这个自然段在文章中有什么作用呢？”意在引起教者关注。

如果非要在此文“总—分”结构之外再找出一些文本特色的话，那便是在对叫声、步调、吃相三方面作描写时，作者的用笔力度是有所侧重的，具体表现在描写“吃相”方面着墨最多。这种写法在语文课堂上被称为“详略得当”。

这两方面的所谓文章特色，是“人人眼中有”的，悬浮于文本表层。即便是学生，但凡积累了一定的阅读经验或在早期学习中形成了“总—分”文本结构的概念，发现此文的这种“特色”是没有难度的。

若越过结构的藩篱往前更进一步，便落在用语特色上。与前二者相较，这是解读上的一次进步。因为这个层面涉及语言的形式而非“内容”，更接近文章内在的艺术生命。

本文最大的用语特色是“正话反说”“小词大用”，为文本营造出幽默、诙谐的艺术效果。

文本呈现出一种特殊现象：为了写一只白鹅，作者极尽幽默诙谐的笔墨供读者一笑。然而，读者却很难为这样的阅读体验找到一个情感落脚点。也就是说，这种“幽默”“诙谐”显得空洞，没有内容。我们不禁要问：丰子恺为何要作这样一篇文章？其情感动机源自何处？

带着这种思考沉入文本，便意味着我们正向解开本文秘妙的关键性问题靠近。

具体解读《白鹅》这一文本前，有必要向读者坦言笔者思考的原点。唯有如此，读者方可明白此文所言并非矫情。为此，笔者不可避免地要引用时下一条新闻报道——

日前，一位濒死病人立下遗嘱，区区十一字，却触动人心：“我的遗体捐国家。我老婆呢？”谁料，此条悲壮动容的遗言，竟被某些记者掐头去尾加以引用，以《歪歪扭扭七字遗书让人泪崩》为题，公然报道。

你知道是哪七个字吗？“我的遗体捐国家。”原句后四字被删去，说话者言语中透出的深情被遮蔽。这种文字处理的背后，折射出某种价值取向，它属于英雄主义引导下的产物，个人感情退居后位。

此文对该种行为不作道德上的评判，仅从文字层面探讨一个关于“言语生命完整性”的话题。

作为读者，我们只需将原话与被删减后的内容对比，二者之间言语生命特质优劣便高下立判。这条遗言最动人处，恰恰在于被省略的后半句。个体在生命尽头，最后一次情感释放，全凝结在这四字之中。也就是说，一切言语生命皆存在于一个有机话语体系中。

试举一例："红杏枝头春意闹。"一个"闹"字为无数诗家赞誉。设若孤立出一个"闹"字，其言语生命必将枯竭。因为"红杏枝头春意闹"整句诗构建的有机统一体被破坏，"闹"字因脱离了存在的整体，其艺术生命注定完结。

可见，保持言语生命的完整性，是我们进入作者情感世界的前提。教材《白鹅》一文，之所以出现幽默诙谐的风格显得空洞与突兀，在于该选文并非丰子恺先生完整的原文，它从原文中被割裂出来，独立成篇。

当然，由于篇幅所限，选入教材时不得不对原文作出取舍与调整，这是可以理解的。然而，这绝不能成为我们解读文本时弃原文不顾、断章取义的理由。唯有在阅读原文的基础上，才能最终触碰到作者真实又隐蔽的创作动机与感情。

且看教材中《白鹅》一文被删掉的开头部分——

抗战胜利后八个月零十天，我卖脱了三年前在重庆沙坪坝庙湾地方自建的小屋，迁居城中去等候归舟。

除了托庇三年的感情以外，我对这小屋实在毫无留恋，因为这屋太简陋了，这环境太荒凉了；我去屋如弃敝屣。倒是屋里养的一只白鹅，使我恋恋不忘。

教材选文对这两段文字的省略，带来的是对作者整个创作情感的遮蔽。结合当时的写作背景（有意了解者可自行考证），我们不难理解丰子恺对这一处小屋近乎冷漠的感情。然而，在这种"冷漠"中，仍有唯一的慰藉，那便是一只"使我恋恋不忘"的白鹅。

通过对原文内容的整体把握，我们完全可以推测出作者在行文时与文中的白鹅已然分离。那么，对于作者而言，这时的"白鹅"便不仅仅只是一种动物，更是作者生命中不可淡忘的情感寄托。它是作者停泊感情的港口。"恋恋不忘”一词为我们揣摩作者对白鹅的感情时提供了有力依据。也就是说，《白鹅》一文是作者对白鹅的深情怀念。

在这种对作者创作情感的确证下，再来解读教材选文，我们的思路便有了源头活水。对于丰子恺先生表现出的“正话反说”“大词小用”这类用语特色，以及借此营造出的“幽默”“诙谐”却多有“突兀”之感的文字风格，我们便有了理解的基础。

先看其“正话反说”之例。

第一段的最后一句——

我一看这姿态，想道：“好一个高傲的动物！”

“高傲”，在汉语词典中的解释具有某种贬义色彩，如“自以为了不起，看不起人”“装出一副优越的样子”。结合原文语境可断定，作者对白鹅的感情是“恋恋不忘”的，绝无厌恶之意。这就在语言形式与感情内容上产生矛盾。

值得一提的是，这种“正话反说”的创作传统是中国文学中常见的艺术表现手法。如关汉卿有句子：“俏冤家，在天涯，偏那里绿杨堪系马”，《红楼梦》中贾母称贾宝玉、林黛玉二人：“不是冤家不聚头。”“冤家”一词本指“仇人”，在这两处例句中却出现在互相倾慕的二人之间。这种现象从客观上说是“无理”的，然而从文学艺术角度来看却是“有理”的。用苏东坡的话来说，便是“反常合道”。人的感情在言语形式的错位中，得以最大程度地表现。“正话反说”，是《白鹅》这篇课文最大的艺术特色。

“高傲”这个词出现在选文的第一段，即所谓“总—分”之“总”段。也就是说，“高傲”一词对“白鹅”形象的定义具有统领性。那么，这种看似带有贬义色彩的“高傲”背后，实则隐藏的是作者对白鹅怎样的情感呢？笔者以为，用“神圣”“只可远观不可亵玩”来概括毫不为过。关于这种揣测，读者只需将该段文字还原到原文统一语境中作整体感受即可。

在“好一个高傲的动物”一句后，编者删掉了这样一段文字——

凡动物，头是最主要部分。这部分的形状，最能表明动物的性格……鹅的头在比例上比骆驼更高，与麒麟相似，正是高超的性格的表示。

“麒麟”作为中国传统神话中的瑞兽之一，是一种祥瑞而神圣的象征。作者将“白鹅”与“麒麟”作比，可见在作者眼中“白鹅”与“麒麟”一样，是神圣的，不容亵玩与侵犯。

在选文第三段描写白鹅之“步态”时，“正话反说”的语言形式同样存在——

鹅的步态，更是傲慢了。

“傲慢”与“高傲”为同义词，表示“自高自大、目空一切”的状态。基于对“作者对白鹅的情感是向上的、喜爱的”这一创作情感的总体把握，作者越是用这般极尽“贬义”之词，便越能将对白鹅的宠爱之情深刻而生动地表达出来。

同样的语言，仍出现于教材选文的最后一句——

真是架子十足！

通常情况下，若说一个人“摆架子”，即变相指责其不近人情、自命不凡，情感是消极、贬义的。白鹅“真是架子十足”，作者却依然愿意在一旁“添饭”“侍候”。这种“反常”举动，正是在作者对白鹅宠爱之情的驱使下完成的。这种对作者主观情感的判断，只有在阅读原文的基础上读者才能把握。否则，面对作者一方面“指责”白鹅“架子十足”，另一方面又心甘情愿在一旁为其“添饭”“侍候”这一“反常”举动，读者是无法理解的。

在《白鹅》选文中，作者的语言特色除“正话反说”之外，还体现在“大词小用”方面。这种语言特色为文章增添了一种幽默与诙谐之趣。

在描写白鹅“叫声”一段中，作者是这样写的——

鹅的叫声，音调严肃郑重，似厉声呵斥。

《汉书》中言，“然非皇天所以郑重降符命之意”。可见，“严肃”“郑重”最初用于形容场合的庄重与正式。作者竟将这种“严肃”“郑重”之词用于描述一只白鹅，这就产生了幽默诙谐的艺术效果。

描述白鹅“吃相”部分时，作者继续“大词小用”——

这样从容不迫地吃饭，必须有一个人在旁侍候，像饭馆里的堂倌一样。

用“从容不迫”形容鹅的吃相已属滑稽，然而此时在作者眼中，这白鹅俨然上升为“老爷”（“鹅老爷”），作者则甘为“堂倌”于一旁“侍候”，这种幽默诙谐的语言风格是涵盖全篇的。为了强调这种“幽默诙谐”的艺术效果，最后作者不忘感叹一句：“真是架子十足！”至此，选文完。然而，这句话产生了一种余音绕梁的效果，真的是点睛之笔！

这句话字面上看似抒发的是一种“无奈”。然而，这种看似“两难”与“无奈”的语言背后，实则透露出一种“爱怜”。《红楼梦》中也有类似的“无奈”之语。

宝钗也忍不住笑着，把黛玉腮上一拧，说道：“真真这个颦丫头的一张嘴，叫人恨又不是，喜欢又不是。”

——《红楼梦》第八回

这是一种有趣的言语现象。表层语言与深层感情之间的微妙呼应，是构成文学作品艺术魅力的关键。如果读不懂作品中的这类地方，必将损失诸多阅读乐趣。

作者通过“正话反说”“大词小用”的手法成功营造出文本幽默诙谐的风格魅力。然而，仅解读出言语风格的特点，仍属技术层面的解读，“人”

的情感是缺位的。

我们发现这种情感的缺位，关键原因同样在于选文是从原文中割裂出来的，作者的情感脉络中断、表达受阻、感情落空。

殊不知，原文后仍有文字，部分摘录如下——

鹅，不拘它如何高傲，我们始终要养它，直到房子卖脱为止。因为它对我们，物质上和精神上都有贡献。……但我觉得，比吃鹅蛋更好的，还是它的精神的贡献。因为我们这屋实在太简陋，环境实在太荒凉，生活实在太岑寂了。赖有这一只白鹅，点缀庭院，增加生气，慰我寂寥。

我的小屋易主的前几天，我把这鹅送给住在小龙坎的朋友人家。送出之后的几天内，颇有异样的感觉。这感觉与诀别一个人的时候所发生的感觉完全相同，不过分量较为轻微而已。

原来一切众生，本是同根，凡属血气，皆有共感。所以这禽鸟比这房屋更是牵惹人情，更能使人留恋。现在我写这篇短文，就好比为一个永诀的朋友立传，写照。

读到这里，我们才为作者对白鹅的感情找到最终着陆点，才敢最终确证，对于这只如今与之分别的白鹅，作者是满怀深情的。

然而，所谓“深情”本该是抒情散文最好的题材，在丰子恺的笔下，对这种深情的抒发，艺术性地避免了正面煽情，转而藏于“幽默”“诙谐”的语言背后，从而给人以一种认真的“幽默”、诙谐的“庄重”之感。

这看似言语形式与感情内容不相匹配的文字风格，实则是丰子恺人格面貌的写照。但凡对丰子恺人生经历有所了解的读者，不难发现，他一生为人清正、纯粹，与这种云淡风轻的文字风格是圆融统一的。一味作儿女情状之文，实非丰子恺之精神气象。

点评

问渠那得清如许，为有源头活水来。写作之活水源头，当然不是那些所谓的写作方法、写作技巧、写作手段，而是生活。但生活又常被我们切分为客观生活与主观生活、物质生活与精神生活、个体生活与社会生活等。这种二元对立的思维，导致生活的支离破碎、一地鸡毛。这样的生活，焉能成为写作的活水源头呢？愚以为，写作之活水源头，实非生活本身，而是生活背后那个无限可能的存在。为存在而写作，通过写作抵达存在，这才是写作的大道。对《白鹅》一文的解读，作者的眼界不可谓不高。阐释过程中，作者力图引领我们返回存在本身。先是回到文本的原生语境，看见写作的情感旨趣，从而明了“正话反说”“大词小用”的存在背景；后是回到文本的文化语境，看见丰子恺的人格特质、精神气象，从而明了“亦庄亦谐”“情趣交融”既是一种言语风格，更是一种精神人格，是文格与人格的圆融。圆融即是存在，存在不离圆融。

唯其物哀　幽深玄静

——清少纳言《四季之美》解读（统编语文五上）

很欣喜，在统编小学语文教材五年级上册第七单元里发现了日本清少纳言的《四季之美》一文。这篇文章节选自她的散文作品集《枕草子》。作品描述的是作者对贵族生活、内心感情等的一些细微感想，笔调纤细干净。

私以为，小学教育作为审美教育的关键阶段，日本文学凭借其精致、细腻的独特趣味，颇有必要纳入学生的审美范畴。

与别国审美文化及格调不同的是，日本文学一直以“物哀”作为审美正宗。“物哀”这一文学理念，由日本江户时代国学大师本居宣长提出。所谓“物哀”，即情感主观接触外界事物时，自然而然或情不自禁产生的幽深玄静的情感。因了一个“幽深”、一个“玄静”，“物哀美”也称“幽玄美”。

在这种审美理念引导下的日本文学，呈现出一种细腻、沉寂、不染纤尘的审美气象。

读者在解读《四季之美》这篇文章时，不得不站在日本文学“物哀美”的审美背景下去品味。唯其如此，方可确保读者的解读是在整个日本文学体系中作一次纵向深入。

值得一提的是，在这篇文章的课后练习中，编者设定了这样一个学习目标：“联系上下文，体会其中的动态描写。”在日本文学物哀审美的大背景下，我们不难体会到，日本文学之所以精致迷人，并不在于其生动的“动态描写”，反之，日本文学是以其整体文脉的沉寂、静美而见长的。这一点颇值得读者留意。

这篇文章的行文结构是简洁的，然而，在简洁的语言内部却充满矛盾。来看每一段开头第一句分别是：“春天最美的是黎明”“夏天最美是夜晚”“秋天最美是黄昏”“冬天最美是早晨”，很显然，作者在每一段开头便提出自己的观点：每个季节都有“最美”时段，分别是黎明、夜晚、黄昏、早晨。

细思之，这种说法在逻辑上是站不住脚的。读者不禁要问：难道四季的其他时段就不美了吗？就拿春天来说，朱自清笔下的春天如下：

桃树、杏树、梨树，你不让我，我不让你，都开满了花赶趟儿。红的像火，粉的像霞，白的像雪。花里带着甜味儿；闭了眼，树上仿佛已经满是桃儿、杏儿、梨儿。花下成千成百的蜜蜂嗡嗡地闹着，大小的蝴蝶飞来飞去。野花遍地是：杂样儿，有名字的，没名字的，散在草丛里，像眼睛，像星星，还眨呀眨的。

这段文字读来什么感觉？一派欣欣向荣，生机盎然！这种生机，不仅出现在春天的“黎明”时分，难道“桃树、杏树、梨树”过了“黎明”，到了正午便不开花了吗？难道朱自清笔下这样的春天就不美了吗？不难判断，清少纳言所谓“春天最美是黎明”这种绝对化的表达是难以服众的。

值得读者注意的是，其余三个自然段的开头，作者均采用这种绝对化的陈述。我们不禁产生疑问：为什么一天那么多时段，在清少纳言眼中，“最美”却非“黎明”“夜晚”“黄昏”“早晨”莫属呢？

这种语言现象之下，隐藏的是文本中情与理的错位。该文本的独特之处便在这种情理错位之中。抓住这一点，深入文本，沉入语言，我们才能无限接近作者的灵魂。

春天最美是黎明。东方一点儿一点儿泛着鱼肚色的天空，染上微微的红晕，飘着红紫红紫的彩云。

这是文章的第一段。注意作者在描述“东方泛着鱼肚色的天空”这一事物时，用上了一个表示时间推进的短语“一点儿一点儿”。这说明春天的黎明，东方的天空，不是一开始就呈现鱼肚色的，而是“一点儿一点儿”泛出来的，具有过程性。

王国维先生说“一切景语皆情语”，这段文字里虽然没有出现对“人”的描写，然而文字背后却是一双默默观察这一切变化的眼睛。这双眼睛观察到天空“一点儿一点儿”的颜色变化。对这种细微颜色变化的观察，不是一颗躁动的心可以觉察出的。唯有一颗安宁沉静的心，才能感受到大自然这种细微处的无言之美。

可见，虽然这一段全然是在写景，我们却通过“一点儿一点儿”读到了作者一颗无比安宁、沉静的内心。这种安宁、沉静的心绪，还表现在，作者观察到的春天黎明的天空并非一成不变的，它在“一点儿一点儿泛着鱼肚色”的同时，仍然在悄然改变：“染上微微的红晕。”染，浸染也，尤言该动作并非一蹴而就，而是如墨在水，极为轻柔舒缓。这种细微的改变，实则是对作者内心安宁的又一次写照。

夏天最美的是夜晚。明亮的月夜固然美，漆黑漆黑的暗夜，也有无数的萤火虫翩翩飞舞。即使是蒙蒙细雨的夜晚，也有一只两只萤火虫，闪着朦胧的微光在飞行，这情景着实迷人。

注意“明亮的月夜固然美”这一句话，它很关键。在这一段中，此句是一个非常巧妙的过渡：“固然”，说明“明亮的月夜”在很多人眼中是美的，是不消说的，作者自己也并非不知道。所以，“固然”二字实则表明作者的一种态度，即她承认“明亮的月色”是美的。但“固然”里更有另一层深意，便是此二字中包含着句意的转折，预示作者接下来要提出自己的观点——在作者眼中，“漆黑漆黑的暗夜”“蒙蒙细雨的夜晚”同样是美的。

关于夏夜，我国南宋词人辛稼轩也有好句：“稻花香里说丰年，听取蛙声一片。”很显然，夏夜里吸引稼轩的是稻花深处的蛙声，虽然是为了凸显夏夜的宁静，然而那种“宁静”到底是因了这几声“蛙声”衬托而出的，这种“宁静”是有所附丽的。将清少纳言笔下的“夏夜”与稼轩词中的“夏夜”作对比，不难发现二者呈现出的感情色彩是不同的。

同样是描写夏夜，清少纳言择选的描述对象不是聒噪的蛙声，而是无声飞舞的萤火虫。而且，她让萤火虫这一意象出现的背景是“漆黑漆黑的暗夜”，两个“漆黑”叠用，说明这夜没有一丝光，是彻底的黑。在这无边透彻的黑暗里，无数的萤火虫正翩翩飞舞。这一明一暗的对比，让黑夜不再单调：萤火虽然微茫，却为永夜增添一丝生动。这不是一种日本文学式的物哀之静美又是什么，它美得沉静安宁，美得毫不喧闹。

作者还假设了另外一种夏夜：“即使是蒙蒙细雨的夜晚，也有一只两只萤火虫。”下雨了，并非滂沱大雨，而是润物无声的蒙蒙细雨，零星的萤火虫在飞舞。这种情境与杜牧诗“银烛秋光冷画屏，轻罗小扇扑流萤”有异曲同工之妙。“天阶夜色凉如水”，画面是凉的，如水一般透明。这种透明的美、寂静的美，唯有同样透明的心、寂静的心才能看到。这一段全然写景，然而文字背后隐藏的是一颗寂静、敏锐的心。

“秋天最美是黄昏。”在这一段中，作者选取的意象是归鸦、大雁。“点点归鸦”，注意是“归鸦”，乌鸦归巢了，天色将晚，一天结束了。一天的结束，是物理时间在“一天”这个单位里走到尽头。这种审美取向也是受物哀美学影响而形成的。这种凄美与宋词“寒鸦数点”的意境是相同的。大雁“在高空中比翼而飞”，注意作者用的是“高空”而非“天空”，一个“高”字，将视野拉远了，天空远了，大雁如归鸦一般，变成一串小小的黑点，地上的人也渺茫了。我国日本文学翻译家叶渭渠先生说：“物哀作为日本美的先驱，在其发展过程中，自然地形成‘哀’中所蕴含的静寂美的特殊性格，成为‘空寂’的美的底流。”此处“高空中比翼而飞”的大雁、“点点归鸦”正是一种“空寂”。

冬天最美是早晨。落雪的早晨当然美，就是在遍地铺满白霜的早晨，或是在无雪无霜的凛冽的清晨，也要生起熊熊的炭火。手捧着暖和的火盆穿过走廊时，那闲逸的心情和这寒冷的冬晨多么和谐啊！只是到了中午，寒气渐退，火盆里的炭火，大多变成了一堆白灰，这未免令人有点儿扫兴。

“落雪的早晨当然美”，注意，此处出现了与第二段相似的句子——“明亮的月夜固然美”。“当然”与前文的“固然”一样，都暗示着文脉的转折。也就是说，虽然大家都觉得“落雪的早晨”是冬天最美的时段，但在作者眼中，最美的早晨却不只在“落雪”的时候。“遍地铺满白霜的早晨”“无雪无霜的凛冽的清晨”，在作者眼中都是美的。为何如此呢？后文中作者第一次为自己“绝对式”的断言作出回答——因为“手捧着暖和的火盆，穿过走廊时，那闲逸的心情和这寒冷的冬晨多么和谐啊！”

作者之所以认为“冬天最美是早晨”，并不在于冬天的早晨下不下雪，而在于“手捧着暖和的火盆，穿过走廊时，那闲逸的心情和这寒冷的冬晨多么和谐啊！”这样一来，作者之所以认为“冬天最美是早晨”而不是中午或者晚上，或者其他时间段的原因便找到了：“只是到了中午，寒气渐退，火盆里的火炭，大多变成了一堆白灰，这未免令人有点儿扫兴。”

为了便于分析，现将全文四段整体呈现。结合整篇文章来看，敏锐的读者会发现，第四段的结构与前三段是不一样的。

第一段：

春天最美是黎明。东方一点儿一点儿泛着鱼肚色的天空，染上微微的红晕，飘着红紫红紫的彩云。

第二段：

夏天最美的是夜晚。明亮的月夜固然美，漆黑漆黑的暗夜，也有无数的萤火虫翩翩飞舞。即使是蒙蒙细雨的夜晚，也有一只两只萤火虫，闪着朦胧的微光在飞行，这情景着实迷人。

第三段：

秋天最美是黄昏。夕阳斜照西山时，动人的是点点归鸦急急匆匆地朝窠里飞去。成群结队的大雁，在高空中比翼而飞，更是叫人感动。夕阳西沉，夜幕降临，那风声、虫鸣，听起来也愈发叫人心旷神怡。

第四段：

冬天最美是早晨。落雪的早晨当然美，就是在遍地铺满白霜的早晨，或是在无雪无霜的凛冽的清晨，也要生起熊熊的炭火。手捧着暖和的火盆穿过走廊时，那闲逸的心情和这寒冷的冬晨多么和谐啊！只是到了中午，寒气渐退，火盆里的炭火，大多变成了一堆白灰，这未免令人有点儿扫兴。

前三段只描写了各个季节的景色，没有任何议论与抒情。唯有第四段，作者在写景后加入了直接抒情：

1.“手捧着暖和的火盆穿过走廊时，那闲逸的心情和这寒冷的冬晨多么和谐啊！”

2.“只是到了中午，寒气渐退，火盆里的炭火，大多变成了一堆白灰，这未免令人有点儿扫兴。”

请看，这两句话的核心词是什么？“心情”“和谐”“扫兴”。原来，作者认为“冬天最美是早晨”，原因在于此时“心情”与“冬晨”是多么“和谐”；作者不觉得冬天最美是“中午”，原因在于“中午”“寒气渐退”“火盆里的火炭，大多变成了一堆白灰”，觉得“有点儿扫兴”。

读到这里，对作者并不那么让人信服的主观判断，即“春天最美是黎明”“夏天最美是夜晚”“秋天最美是黄昏”“冬天最美是早晨”便找到了“可信”的答案——作者之所以对四季最美的时刻作出这样“个性化”的归纳，其原因在第四段的两处抒情句中作出了交代。

作者觉得“最美”的原因，并不是“黎明”“夜晚”“黄昏”“早晨”这四个物理时段，而是因为这四个时段里的事物与作者的心情是“和谐”的，所以她才冠之以“最美”。唯有心情与景色“和谐”，在作者眼中，那景才堪称“最美”。

那么，这四个时段的事物，都有着什么特点呢？寂静、安宁、凄美、朦胧。映照出作者的心，同样是寂静、安宁、凄美、朦胧。上升到整个日本文学的审美高度，不难发现，这篇文章正是日本文学“物哀美”“幽玄美”的典型代表。

可见，第四段最后的抒情是作者独特的审美品格所在。倘若删去最后两句，四段文字皆为单纯写景，作者想要抒发的情感就可能被钝感的读者忽略。若四段文字均采用“写景＋抒情”的结构方式，全文节奏就显得板滞，亦有悖“物哀幽玄”的审美风格。

点评

由“这一类”到“这一个”，是文本解读的演绎路径；由“这一个”到“这一类”，是文本解读的归纳路径。文本解读的辩证法，则是将演绎路径与归纳路径统一起来。具体展开说，先演绎后归纳，是一种共性解读；先归纳后演绎，是一种个性解读。作者对《四季之美》的解读，选择了先演绎后归纳的共性解读。其解读路径，先阐明“这一类”的特征，即日本“物哀文学”的审美趣味；再剖析“这一个”的特质，即《四季之美》的艺术品位；最后回归“这一类”的流派特色，并阐明“这一个”在“这一类”中的特殊地位。这种极具专业品质的文本解读，既能确保微观个案解读的精准与深刻，这一点在作者对《四季之美》的解读中可谓比比皆是；又能提升历史文化解读的高度与广度，达到融会贯通的境界，如作者在文末所言，若《四季之美》的所有语段皆采用“写景＋抒情”（实为“直接抒情”）的结构方式，全文节奏就显得板滞，亦有悖“物哀文学”的审美风格，因物哀文学崇尚空灵与幽玄之故也。

只可自怡悦　岭上多白云

——贾平凹《月迹》解读（统编语文五上）

《月迹》是贾平凹先生的一篇温情、恬淡的散文。它被选入统编小学语文教材五年级上册，以“略读课文”的形式出现。虽然被归纳为“略读课文”，然而“略读”仅限于教材范畴，这只是它的“临时身份”。

我们虽为语文教师，但在阅读行为范畴内，“语文教师”同样是我们的“临时身份”。在这之前，我们有一种永恒身份——读者。作为读者，面向经典作品，应该有作为读者的审美自觉，即主动用审美的眼光揣摩作品的言语质感。

此文深受一线教师青睐。很多观摩课上，教师们不约而同选择将此文打造成精美的课堂艺术品。然而，遗憾的是，很多教学设计仍然停留在对文本中心思想的浅层分析上，继而转向对阅读后情感体验“隔靴搔痒式”的分享。这样的教学似乎既关照到了文本，也联系到了学生的个人体验。殊不知，经典的优秀文本要传达的感情，更多地隐藏于作者的布局谋篇中。也就是说，一切脱离文字本身的解读，终将因未曾抵达文章内核而流于肤浅。

贾平凹将此文命名为“月迹”，一定意义上为教师设计教学活动时指明了方向，即在字里行间“找一找月亮的踪迹”成了《月迹》常见的教学板块。于是，师生在文本中发现了多处月亮踪迹：竹窗帘儿里、穿衣镜上、葡萄叶儿上、瓷花盆上……这些地点终是散落的、凌乱的，彼此割裂，毫无关联。显然，很多老师意识到了这一点，于是将这些方位作了归纳，如“院中月”“心中月”。然而细究起来，这样的归纳依然停留在意象群落表层，属于平面滑行。就这几处地点内里逻辑关系的分析，仍存在盲区。这正是解析文本的关键所在。

我们知道，散文的特点之一便是“形散神聚”，“形散”是就文本形式而言，属于人人可见的。“神聚”则指向文本内涵，唯有心人得之。这便对读者的阅读能力提出新要求。对文本内容的把握，要求读者具备高度的审美素养与抽象概括能力。此一“聚”字，实则为作者创作时的逻辑与情感之“聚”。

文本出现了诸多人物：“我”、三妹、二弟及奶奶，其中的灵魂人物是奶奶。读者不禁要问：为什么不是母亲、父亲，而是奶奶？窃以为，这并非偶然。阅读时，读者常受一种联想机制左右：对“奶奶”这一形象在文本中的出现，将为一种不自知的思维惯性牵引。因为“奶奶”与我们属于“隔代之亲”，存在较大的年龄差距，她生活的年代对于我们而言是“过去式”的。正是这种较大的时空距离，却拉近了我们与“奶奶”的心理距离，以至于我们提到“奶奶”时心理情绪是温馨与舒适的。李商隐诗，此情可待成追忆，因形成了时间距离与空间距离，才会产生“追忆”之情。也就是说，唯有时空距离拉开，心理距离才会反其道而贴近。

此文之所以说“奶奶”是至为关键的人物，在于作者行文时将“奶奶”这一形象化作全文的支点。换言之，“奶奶”对文脉的延续起了决定作用——围绕“奶奶”这一形象，作者埋下两条线：一条为显性之线，一条为隐性之线。

先看显性之线。

我们须借助这几处文字（为了便于分析，将句子分为三组）——

1. 奶奶突然说：“月亮进来了！”（第一段末）

我们看时，那竹窗帘儿里果然有了月亮。（第二段初）

2. 奶奶说：“它走了，它是匆匆的。你们快出去寻月吧。”（第二段末）

我们都跑了出去，它果然就在院子里。（第三段初）

3. 奶奶说：“月亮是每个人的，它并没有走，你们去找它吧。”（第十九

段，独立成段）

妙极了，它真没有走掉。发现了没？（第二十段初）

不难发现，“我们”每一次的“寻月”，都是因奶奶的一句话。因“奶奶突然说：‘月亮进来了’”，“我们”开始了第一次“寻月”；因“奶奶说：‘它走了，它是匆匆的。你们快出去寻月吧”，“我们”便开始第二次“寻月”；“奶奶说：‘月亮是每个人的，它并没有走，你们去找它吧”，则是“我们”第三次“寻月”的起点。

“奶奶”的三处说话，推动了整篇文章的情节向前发展。而且，作者行文时始终遵循内在逻辑。且看每一组句子的第二句话，有这样一类词语“果然”“真”……在字面上说明奶奶所言是真的，“我们”在其指引下“果然”找到了月亮，这才有了后面的情节。更重要的是，这类词语所含的感情色彩是鲜明的，它意味着“我们”对奶奶存在一种朴素的信任、单纯的依恋。

再来看隐性之线。

奶奶的三次“祈使”说话，对应的月亮所在处分别是：“中堂内”“院子里”“院门外”——不难发现，月亮的空间范围正逐渐扩大，藩篱逐渐被打破：“中堂内”所指范围是有边界的；“院子里”较之“中堂内”范围扩大了，然仍旧局限；“院门外”在文中对应的地点，是那条小河所在的野外，空间边界全然打破，人进入广阔的自然空间。此处的“寻月”，“我们”甚至在弟弟妹妹们各自的“眼睛里”找到了月亮。这一次对“寻月”的描述，作者不再是客观叙述，而是转入主观抒情。

此刻的抒情，正是课堂上常常被强调的“中心思想”。“中心思想”之得出，是非要经过这般深入文字内里，层层推敲，才能逐步推到读者面前的。这里实则隐藏的是读者的阅读心理接受过程，否则，没有前文所述中月亮出现地域的逐渐转移，并揣摩出作者感情有层次地纵深推进，直接将“月亮竟是这么多：只要你愿意，它就有了哩”一句归纳为“中心思想”，这样的阅读中，读者始终未打破与作者的文字障碍，属于无效阅读。

可见，《月迹》虽为散文，形式上飘逸洒脱，如行云流水，然而“神聚”

这一散文特点，决定了它的创作始终是遵循其内在逻辑的。

中国是诗的国度。孔子说，诗可以兴，可以观，可以群，可以怨。可见，中国人的作诗与创作，皆为一种天然心性的表达。在文学作品中，因了作者的敏感，天地万物皆化为有情，感时花溅泪，恨别鸟惊心。

若论无限风光中，谁与中国文人最为相亲，当属天上月。中国人精神上的诗意，是月亮的诗意；精神上的故园，是月亮的故园。贾平凹的《月迹》，是众多中国文人墨客笔下的一轮。然而这一轮月，因了贾平凹个人的心迹，赋予了它独特的光晕。

这轮月，是属于贾平凹的——

一、月之远近

古诗里有很多关于月的描述："小时不识月，呼作白玉盘。又疑瑶台镜，飞在青云端""举头望明月，低头思故乡""春江潮水连海平，海上明月共潮生"。无疑，这些月成了诗人寄托相思与孤寂的对象。情人念遥月，寄情千里光。月亮再体贴，却在青云之端、苍穹之上、大海之边。天上之月也好，海上月亦罢，始终跟人保持着遥不可及的距离。

对于贾平凹而言，那一轮天上月却是贴近的。它与人的相亲相近，是画眉深浅入时无的亲近。贾平凹的月，不在天边，而是款款地落入人间，停留在农家小院、乡野田间那些触手可及的地方：穿衣镜中、窗帘上、院子里、河水间；葡萄叶、瓷花盆、锨刃上；等等。

月亮与人的相亲，不止于此。"无言独上西楼，月如钩"，那是月下凄楚的李后主；"举杯邀明月，对影成三人"，那是月下孤寂的太白；"明月几时有，把酒问青天"，那是月下落寞的东坡……月下文人，多的是孤寂与凄清。而月下的贾平凹，却让人倍感温馨——因为那月不在天边，因了奶奶的指引，"我们"才发现那月亮在人间遍处。而且那月下，不仅有贾平凹自己，更有奶奶、三妹、弟弟，有永远在记忆中鲜活的亲人。

二、月之多少

月作为一个诗意的文学意象，在众多文学作品中已屡见不鲜。可以说，这样的月随处可见，俯拾即是。正如贾平凹《月迹》所述：“月亮竟是这么多，只要你愿意，它就有了哩。”于是，在那个寻月的夜晚，院子里、河滩上、三妹的眼睛里……都有了月亮。

然而，“月亮竟是这么多”，却又是这么少：倘若无情，在这轮明月之下，我们眼中所见同样将空无一物。我们每个人看到的月、寻到的月，其实并不在天边，而在每个人的心里。唯有这一轮心中月，才是永不消逝、永不黯淡的。

在这样的月光下，我们曾一起嬉戏、欢闹，你说一句，我说一句……日子是这样真真实实地存在着，是月亮帮我们记录了过往的一切。

若非心中有情，天上的月不过是一个没有灵魂的星球，唯有那一轮月亮与自己产生了共情，它才有着暖人的温度。月亮竟是那么多，但真正的月亮又是那么少。

三、月之有无

东坡词：“人有悲欢离合，月有阴晴圆缺。”这说明，并非每个夜里皆有月亮。月亮之于人间，有时是缺席不在的，而人们心中的月亮却永远在那里。无论白昼黑夜、春去秋来，只要你愿意，它便挂在你心间的苍宇上。

贾平凹的写月，实则为写出心中的那一轮明月，以至于我们读来，它竟是带着贾平凹儿时的体温与甜蜜的。读完文本，你的眼里仿佛仍然能看见，在一个静谧的月夜下，奶奶正在与三妹、弟弟、平凹慢慢悠悠地讲着故事。于是，你的人、你的心也跟着安静下来，好怕一出声便惊扰了那个月夜似的。

这样文字中透出的安宁，不只为月亮所营造，更在于作者在记叙那个月夜行文时诉诸笔端的那些“小心翼翼”——

奶奶说：“它走了，它是匆匆的。你们快去寻月吧。”

奶奶说："月亮是每个人的，它并没走，你们去找它吧。"

噢，月亮竟是这么多：只要你愿意，它就有了哩。

细心的读者会发现，这三个句子均以语气词结束。按常理，这样的词后作者惯于用上感叹号，以表心中情绪。然而，贾平凹却无一例外地选用句号。我斗胆猜测，这并非巧合或疏忽，实则为作者心绪的真实写照。句号表示一个句子的结束，在与感叹号、问号这类符号相较中，它是不夹带浓烈的感情色彩的。

在这样的一组句子里，本该表达的是奶奶的兴奋、鼓动的强烈情感，作者却用了句号平复这种情绪的波澜。这是因为，这样的月夜是静的，人是静的，人的心更是静的。鲁迅说，于无声处听惊雷。想来便是如此，唯有在安宁的月色里，在情绪无澜的流逝里，那些快乐、那些幸福、那些回忆才是真真切切的。

此文题为"月迹"，迹，即痕迹。天上月的痕迹，人人皆可看见，而心上月的痕迹，唯有心人得之。

抬头望月，望的是各人心中的那一轮。

点 评

《月迹》一文，是"童趣""诗意"与"禅境"的统一，形神兼备，妙不可言！作者的解读，正是立足这样一个认知高度，逐步完成其对文本体贴入微的精致阐释。解读"月之远近"，以其自来与人相亲的温暖，让读者感受到那份天真的"童趣"；解读"月之多少"，以其寻觅的无有拘束、月亮的无处不在，让读者体会到一种静谧超逸的诗意；解读"月之有无"，以其对物理之月的解构与心灵之月的重构，让读者顿悟心外无月、心物一体的禅境。作者言："抬头望月，望的是各人心中的那一轮。"愚以为，文本解读，何尝不是另一种意义上的"抬头望月"呢？

在矛盾冲突中闪光的“船长”

——列夫·托尔斯泰《跳水》解读（统编语文五下）

列夫·托尔斯泰在文学殿堂中对艺术创作的智慧奉献，使其不仅属于俄国，更属于世界。列夫·托尔斯泰作品迷人的地方，在于其深入人物内心，描写人性的多重性、复杂性及丰富性。

在《安娜·卡列尼娜》里，列夫·托尔斯泰极尽对人物心理的细腻刻画，如安娜回国探访儿子、安娜观看沃伦斯基赛马时丰富的心理独白……对人物复杂心理的刻画，使这类文字成为永恒的文学经典。

然而，教材所选的这个文本，作者在塑造人物形象时避开了细腻的心理描写，而是通过外部环境、情节与人物行为之间的对比，以突出人物形象。

《跳水》一文中出现的人物众多：船长的儿子、水手、船长等。然而，主要人物实则唯“船长”一人。“船长的儿子”及“水手”，属于该小说文本情节部分的有机组成单元。

值得一提的是，这篇选文绝大部分篇幅用在对“情节”“环境”的交代上，即男孩的帽子为猴子所夺后，他是如何“穷追不舍”的，猴子又是怎样“得寸进尺”“见招拆招”的……然而，这不过是作者所施的“障眼法”。《跳水》一文并非为情节而写情节。情节的铺展终极所指为刻画“船长”这一人物形象。也就是说，这篇小说虽然保证了情节的完整性，而作者真正的创作意图是力求刻画出一位临危不乱、沉着冷静的船长形象。

然而，文本解读的专业性要求我们在解读时不应仅满足于对人物形象的精神品质、性格特征等进行表面分析，更应探析人物形象是如何在具体作品中脱颖而出的，作者是如何调动一切文字元素将人物“立”起来的。思考到这一层，才算真正把握住文本解读的实质。

在这一小说片段中，作者刻画人物最大的特点在于，在多重矛盾的对比中突出“船长”这一人物形象。

第一层矛盾，具备隐蔽性与统领性的双重属性。

全文共六个自然段，作为主要人物的“船长”直至第五自然段才出现。这不得不引发读者思考：为何作品的主要人物反而在全文中所占比重是最小的？这便涉及小说第一层矛盾的隐蔽性与统领性的问题。

文章第二段第一句话，“船长的儿子才十一岁，他笑得很开心”，第一次出现了“船长”。这看似轻描淡写的一笔，却是关键性的一笔。此处作者对“船长”与男孩之间父子关系的交代，是第五段“船长”出现后作出一系列举动的伏笔。

不妨反过来考虑，如果“船长”与男孩不存在父子关系，其举枪迫使男孩跳水这一行为产生的艺术效果就会被弱化。换句话说，若“船长”并非男孩的父亲，其举枪迫使男孩跳水这一行为仍然可以体现出一种处事的“淡定”及临危不乱的品质，但这种品质对读者造成的震撼力却变得单薄。正是因为他是男孩的父亲，多了这层关系，便多了一层情感牵绊，注定了船长这一举动与情感思维的矛盾性，即思想与行为之间的斗争性。一方面，他要顾及男孩的生命安危，即从那么高的桅杆上跳入海中，其危险性与致命性，“船长”不是没想到；另一方面，如果不命令男孩跳水，其后果可想而知。关于这一点，作者早已在前文作了交代：“孩子只要一失足，直摔到甲板上就没命了。即使他走到横木那头拿到了帽子，也难以回转身来。”

也就是说，此时的“船长”面临情与智、生与死的双重考验，他的真实心理状态注定是不平静的。“船长”这一人物形象之所以能打动读者，不在于他能从正常心理轨迹上作出举动，而在于将他推出常轨后，其当下心理与正常心理产生错位，仍能作出理智举动。这才是这一人物最终散发出艺术魅力的原因。换句话说，在“男孩的父亲”这种身份前提下，“船长”表现出来的“淡定”最终折射出这一人物的可贵品质。

“船长”在极为复杂的内心斗争压力下，在外部行为上表现出的却是不假思索的“淡定”“果敢”。这种内心世界与外部行为之间的巨大反差，让“船长”这一形象从文本众多人物形象中脱颖而出。如果托尔斯泰不在第二段留下“船长的儿子才十一岁，他笑得很开心”这看似无心、实则有意的一笔，即没有暗示读者“船长”与男孩之间这层父子关系，那么后文“船长”作出的行为将会失去冲击读者内心的可能性。

可见，作者此处对“船长”作为男孩父亲这一身份的交代，就整篇小说而言，发挥着统领作用。

文本中的第二层矛盾则是外显的。作者通过紧张的情节、众人的惊慌与“船长”的冷静之间形成的对比，深化了“船长”这一人物形象。

“甲板上的水手全都吓呆了”“有个人吓得大叫了一声”，这都是显而易见的直接描述。这部分文字中，托尔斯泰让人惊叹的地方在于他对情节紧张性的创造。为了突出事件的紧张氛围，托尔斯泰采用的是“温水煮青蛙式”的写作手法。他在前文大篇幅的轻松叙事中，让读者对一直潜伏的危险性失去警觉。然后一个“突转”，巨大的危险似乎瞬间降临，读者几乎没时间思考它是如何发生的。这种阅读体验，非常刺激而迷人。

作者对于男孩的帽子被猴子抢走，继而男孩步步紧逼企图夺回帽子整个事件，抱以调侃式的态度。这种调侃，甚至把男孩爬上桅杆这一举动中隐藏的危险性都掩盖了。其中，对“水手的笑声”所作的反复描写，起到麻痹读者和现场观众的重要作用。

作者不厌其烦地让这种“笑声”出现于每一段，绝非偶然，也非作者用语的累赘。

第一段，“惹得大家哈哈大笑”，这一次的笑声是全景式的，不是某一个人的笑，也不是某一特定人群（水手）的笑，而是“大家”的笑声，具有高度概括性。整个环境似乎都笼罩在这片笑声中。这种全景式的“笑声”，与当时的大环境，即“这一天风平浪静”是和谐统一的。

第二段，关于猴子抢夺男孩帽子一事的叙述便开始了。“水手们又大笑起来”，“笑声”第二次出现。虽然“只有那个孩子哭笑不得”，然而在水手群体性笑声的遮蔽之下，男孩个人的情绪被弱化，整个场面产生一种轻松的喜剧效果。

第三段，“水手们笑得更欢乐”，“笑声”再次出现，而且出现了升级，也就是说，喜剧性质还在升级。在这种“更欢”的笑声里，“男孩却气得脸都红了”。然而，男孩的情绪依然是第二位的。在这种强弱对比中，整个事件的喜剧性保持着前后的高度统一。

然而，在第四段，这种喜剧效果戛然而止。“这时候，甲板上的水手全都吓呆了。”“笑声”没有了，水手们的情绪走向另一个“极端”——“吓呆了”。

通过水手的反应，读者才意识到，此时男孩的处境早已极端危险。这才让整个事件陡然紧张起来。而且，为了诠释这种危险，作者特意作了说明——

孩子只要一失足，直摔到甲板上就没命了。

“只要……就”强调了危险的唯一性。读到这里，读者才意识到在前文所述事件的轻松氛围背后，竟深藏着如此极端的危险因子。读者这种后知后觉，带来的是情感上的剧烈冲击，像坐过山车一般从最高点直冲而下。这种“急转”产生的艺术效果是强烈的、惊人的，更是深刻的。

可见，小说对“船长”这一人物形象的塑造，有别于托尔斯泰往常的人物塑造手法，他没有发挥自己擅长的对人物心理刻画的优势，转而在双重矛盾中塑造人物。情与理之间的隐性矛盾，紧张情节与人物淡定行为之间构成的显性矛盾，才最终将“船长”临危不乱的可贵品质表现出来。

点 评

小说以塑造人物形象为己任。塑造人物形象，无外于直接描写与间接描写两种手法。直接描写，指向人物的外貌、语言、行为、神态、梦境与心理活动；间接描写，则通过环境创设、情节铺陈、他人衬托等。《跳水》对“船长”这一人物形象的塑造，正如作者所言，主要不在直接描写，而在间接描写。间接描写的着力处，亦如作者所言，主要不在环境创设，而在情节铺陈。情节铺陈的最大秘妙，诚如作者所言，在多重矛盾的精心编织。于是，作者的解读，就手持这把“多重矛盾”的金钥匙，大胆假设，小心求证，为我们逐一揭示情节所蕴含的叙事张力，由此完成对船长性格特质的审美鉴赏。在情与理的矛盾冲突中，船长的“果敢”跃然纸上；在生与死的矛盾冲突中，船长的“镇定”呼之欲出；在缓与急的矛盾冲突中，船长的“机智”栩栩如生。一言以蔽之，矛盾愈重愈深，人物形象就愈丰愈活！

星沉海底，唯有心人得之

——周晔《我的伯父鲁迅先生》解读（统编语文六上）

对于文章标题，我们阅读时常疏于留意。除了对于有些独具匠心的文题，读者可能会稍加玩味一二，然更多情形是，对文题的揣摩尚处于隔靴搔痒的阶段，便开始匆匆阅读正文了。殊不知，磨刀不误砍柴工。读者若对文题缺乏敏感，在对整篇作品的艺术审美上，将可能差之毫厘，谬以千里。

下面且从语文教学的角度，就文章标题的解读探讨一二。教师在处理教材文本时，往往将对课题解读作为教学的起点。《鱼游到了纸上》算是这类教学的典型代表。原因很明显，盖该文章标题所述本身便是一种陌生化的表达。文学艺术上的“陌生化”手法，因与读者主观经验构成冲突，一定程度上激发了读者的阅读期待，读者不禁发问：鱼怎么会游到纸上呢？于是在备课时，教师不约而同选择在此处大做文章。

还有一类文章标题，也能引发读者思考。如《钓鱼的启示》，读者不禁发问：从“钓鱼”这一行为中，将获取什么启示呢？阅读期待由此而生，并通向全文阅读。

除此之外，对于读者而言，其余的标题犹如虚设，匆匆一瞥，便放过了。殊不知，凡优秀作品，其标题中同样隐藏着作者丰富的创作动机及意图。本文对《我的伯父鲁迅先生》的解读，即从标题展开。

在小学阶段，对学生进行人物习作训练时，教师常提出此类命题，如

“我的母亲”“我的老师”“我的朋友”……值得注意的是，在众多人物习作训练中，却几乎不曾见以“我的妈妈某某女士”为题的。我们不妨设想：若有学生课堂习作以“我的妈妈某某女士”作题，估计读者的感受是：第一，大有“煞有其事”的“一本正经”之嫌；第二，你妈妈叫某某关我什么事？

然而，对文字具有高度敏感性的读者不难发现“我的妈妈”与“我的妈妈某某女士”二者在表达内容上虽所指相同，但在表达情感上却相差甚远。

有了这样的阅读体验，此文以“我的伯父鲁迅先生”而非“我的伯父”为题，则值得读者思考了。

我们不妨先将“我的伯父”与“我的伯父鲁迅先生”作一对比。通过对比发现，这两个题目的侧重点是不一样的：“我的伯父”属于偏正结构，中心语落在“伯父”二字，从接受美学而言，此处的“伯父”对于读者是一个虚指。也就是说，仅从题目上看，并未突出“我的”伯父有何不寻常之处；“我的伯父鲁迅先生”属于复指结构，即“我的伯父”与“鲁迅先生”是同位关系，所指内容相同，但强调与凸显的效果则大不一样。毫无疑问，这种表述实现了“我的伯父”这一概念的唯一性。也就是说，“我的伯父”不再是一个虚指的概念，而指向“鲁迅先生”这一唯一的人物形象。这就与千千万万个“我的伯父”区分开来。

值得一提的是，作为晚辈的周晔，称自己的伯父为“鲁迅先生”，并非单纯意义上的尊重，“先生”二字更是作者在情感上的一次升华——对鲁迅先生这一人物形象的感情，作者由私情的亲情之小爱上升到社会公共意义上的敬重。这份敬意跳脱出亲人之间的狭隘感情圈，融入千千万万受过鲁迅先生精神影响的人民群众中。

于是，“我的伯父鲁迅先生”这一表述涵盖的是作者创作时思想的拓展过程：对于“我”而言，他依然是“我的伯父”，但又不止于此，他更是千千万万人心中的“鲁迅先生”，是民族魂的代表，是现代中国人的精神脊梁。

由这样的比较不难判断：此文实则是对鲁迅这一人物形象精神与品质的一次提炼。

若对此文标题稍加疏忽，没有思考，我们在阅读文本之初，与其亲密的精神之交就会错失。

这篇文章除了在标题处见出作者表达之功底与心思之缜密，在行文的结构上也有其独特之处。在文字编排上，编者有意将作者回忆鲁迅先生几件事情的段落，与旁的段落加大了间距，让读者对鲁迅先生的四件往事，一目了然。

然而，内容人人看得见，形式对于大多数人来说是一个秘密。这种段落间的留白，仅为区分现实与回忆部分？窃以为，非也。这种表面上的时空今昔之区分，其内在实为作者有意编织的一条感情线。

综观教材全文，不难发现，文章第一段和最后两段（最后两段没有这种段间距，是联结在一起的）所述内容，为鲁迅先生过世之后；中间彼此间隔的四处文字，各成独立部分，是因为那四件事属于鲁迅生前之事，属于“往昔”。若用一个形象的比方来概括这种行文结构，即一种“夹心”结构，用公式来比拟，即现实—回忆—现实。这种结构呈现出的是对今昔时空的交织，内在文脉是曲折的。

此文语言质朴深情，留待读者慧眼细察。然值得提醒的是文章最后一句——

的确，伯父就是这样的一个人，他为自己想得少，为别人想得多。

此处“的确”二字值得玩味。若将“的确”二字省去，即“伯父就是这样的一个人，他为自己想得少，为别人想得多”似乎在句意表达上没有分别，然而在情感表达上却较原句大打折扣。

的确，这不起眼的“的确”二字包含着作者在回忆伯父生前往事后，对他的又一次确证，她确证“伯父就是这样一个人”。这不起眼的“的确”二字，更是一种感叹，她感叹“伯父就是这样的一个人”。“的确”二字，支撑起后半句，即“伯父就是这样一个人”所有的感情分量。

事实上，“的确”不仅是作者对伯父人格认知的确证，更是作者与所有可能读者的一种交流。它让作者的叙述有了倾诉的对象，你我在倾听，千千万万的读者在倾听，作者也在倾听。“的确”，是作者跨越文字藩篱，与倾听者心灵之间的一场温柔互动与告别，它正在清晰地告诉你：“我”对伯父鲁迅先生的认识是真诚的，如果不信，就请你重读“我”对伯父鲁迅先生的回忆吧。行文至此，戛然而止，留给读者的则是绵长的回味、无限的敬意。

“的确”，内容人人可见，形式对于无心者而言，却是个秘密。

点　评

作者对此文的解读，也许会让你颇感意外。在通常我们认为必须重锤敲击的主体部分，即作者回忆的四件往事——谈论《水浒》、解释“碰壁”、燃放爆竹、救助车夫，作者竟然虚晃一枪、一笔带过。通常我们认为不妨大致领略的“一头”“一尾”，即文章的题目（一头）、文章的结尾（一尾），作者竟然浓墨重彩、率性阐发，极尽铺排演绎之能事。不得不说，这样的文本解读，是对思维惯性的挑战，是对分析套路的超越。面面俱到、随顺大流，固然让解读者感到踏实与安全，但也往往因此放逐了个性的飞扬、灵光的闪现。作者的此番解读，则带给我们某种思考的震动、心灵的顿悟。原来，区区一个标题，竟然蕴藏如此丰富的信息和内涵。貌似极其平常的“的确”二字，竟然还能开掘出如此深刻、如此隽永的思想底蕴和情感底色。弱水三千，只取一瓢饮，取的不仅是精华，更是勇气与智慧！

情节不只是“四要素”

——史铁生《那个星期天》解读（统编语文六下）

《那个星期天》是统编小学语文教材六年级下册第三单元的第二篇课文，节选自史铁生第一部长篇小说《务虚笔记》。

“务虚”二字，实则与“务实”相对。在文学范畴中探讨“务虚”之说，不难理解：“虚”者，“虚无”也。所谓“务虚”，指作品注重对灵魂、精神等形而上范畴的思考与阐发。甚至为了确保作品中这种“务虚”精神的艺术效果，作者不惜以牺牲小说情节的具体性、人物的完整性为代价。

《那个星期天》作为《务虚笔记》整部小说之有机组成部分，理应与“务虚”精神一脉相承。

解读文本之前，有必要提醒读者时刻不忘树立阅读时的文体意识。此篇文本属于小说范畴。

通常，提到小说解读，总免不了直击小说中的人物、情节、环境三要素。值得注意的是，此三要素在不同小说作品中，侧重是不同的。就这篇作品而言，很显然人物、环境皆非其重心所在，唯有情节部分，值得推敲。

这又涉及一个关于情节的概念性问题。

很多教师在上课时对情节这一要素的划分，停留在开端、发展、高潮、结局层面上，这在一定程度上反映出一线教师文学理论的盲目及知识更新的滞后。

情节四要素理论，是由19世纪50年代苏联学者季莫菲耶夫提出来的。该理论致命的弱点是将文学作品作机械、概念性的切割。关于情节四要素理论的滞后性，笔者且举一例说明。

19世纪下半叶，很多小说家便尝试对这种古典的“全过程式的情节”创作套路进行突围。如契诃夫、莫泊桑等开始尝试以“生活横断面”的方式创新小说的结构。

对于这种全新的创作结构，胡适在《论短篇小说》中作了总结：“用最经济的文学手段，描写事实中最精彩的一段，或一方面，而能使人充分满意的文章。”这种以“生活横截面”为叙述重点的小说结构，一定意义上解构了古典的情节四要素模式。

其实，关于情节一说，亚里士多德在《诗学》中便提到，“情节”，就是一个“结”和一个“解”，二者之间构成一种因果关系。但这种因果关系，并非逻辑上的“因果”，更偏向情感的因果，是具有审美艺术性的。

举个例子，树上的苹果熟了，因为地心引力的作用，它从树上落了下来。这不是情节，而是事实。如果树上的苹果熟了，男孩从树上把它摘下来，送给了妹妹，这就构成一个“微情节”。

如今，有了“结”与“解”的情节概念，再来解读《那个星期天》这篇小说便有了明晰的方向。

这篇小说以“我”的心情一次次变化推动情节向前发展。情节发展是线性的，但这条线具有一定的模糊性。因为这篇小说的情节并非开端、发展、高潮、结局这种传统模式，而是由“我”的一系列心理变化构成的。

文本记述了一个男孩由期望最终走向失望的心理变化过程。也就是说，人物心理多层次的曲折变化，是该作品创作重心所在。至于人物形象、环境刻画，不是此篇小说的重点，故在整篇文章中，在这两个方面，作者都作了模糊处理，甚至人物之间的对话也表现得极其简练。

以人物心理作为主要描述对象的作品并不少见，但史铁生在表达人物心理变化时仍有其独到之处。小说中“我”的心情是多层次的，作者并未用

“难过”“悲伤”“开心”这类抽象的概念词加以表现，而是把人物的内心感受挪移到人物的外部动作中去。也就是说，他将心理上的抽象转化为动作上的具象。

这篇文本以“那个星期天”命名。指示代词有远近之分，“这”为近指代，“那”则为远指代。“那个星期天”的“那”字，首先便在时间上与小说中的“我”所处的当下时空拉开了距离，让这篇小说所述事件带有一种回忆性。如果换作“这个星期天”，时空距离拉近了，心理距离反而远了。这留待敏感的读者自行体会个中之妙。

联系后文可以断定，“那个”远去的星期天，一定距离当下时间相当久远。文本第二段提到，“那个星期天母亲答应带我出去，去哪儿已经记不清了”。连要去的地方、为什么要去都已模糊，足见相距时间之长。这一点明确后，读者便会产生疑问：既然过去了这么长时间，可是“我”却又清楚地记得“那一天”具体是“星期天”，而非星期六，更不是其他时间点，这就很值得深思：时间已经过去这么久了，连具体要去哪里都已经不记得了，那么究竟是什么让“我”一直记住那个日子呢？

开篇第一句话，“我还记得我的第一次盼望”，“第一次盼望”正是“我”至今对“那个星期天”念念不忘的原因。为了突出这个“盼望”对“我”的重要性，后文中作者不惜用一句“霸道”式的判断来强调——“一个人平生第一次盼一个日子，都不会错”。这句绝对化的说辞很显然在现实里是站不住脚的，但这对于当时的“我”来说却不失为一种最真实的内心写照。

第三段起，“我”便开始叙述整个盼望过程。值得再次强调的是，关于“我”在盼望中曲折心路历程的表述，作者采用的全是描述性的语言，并未添加任何抒情成分，也省去了对人物内心的刻画。

为了凸显作者笔法的特殊性，我们可以将统编教材六年级上册中铁凝所写的《盼》一文与《那个星期天》对比来读。同样是表达“盼”的心情，《盼》一文是借助大量的心理活动来体现的。然而，《那个星期天》虽然在人物心理活动描写上是空白的，但这种空白带来的却是艺术效果上的独树一帜。

作者是通过对“我”的外部行为描写来传达内心情感的起伏波动。

起床，刷牙，吃饭，那是个春天的早晨，阳光明媚。

这句话很关键。因为这个日子“到底是让我盼来了”，“我”此时的心情十分舒畅、充满期盼。这种心情上的愉悦带来感官上的同频：这个春日的早晨，“我”看到的阳光是明媚的。这并非全然对客观事实的描述，此时阳光的明媚也是因为“我”心情的明媚。

接下来出现了“我”与母亲的第一次对话——

走吗？等一会儿，等一会儿再走。

这段对话很有特点：没有提示语，没有引号。母子之间清晨的对话，没有互相问好，所谈的内容异常直截了当，这是反常的。很显然，这是经作者艺术化加工后的一场对话，他有意省去了多余部分，只把最核心的部分保留下来。

“走吗？”没来由的一句问话，旁人听起来甚至有些莫名其妙，但母亲毫不迟疑地回应了“我”，说明“我”与母亲都记得这一天的约定，此时外出的约定对于“我”而言是“作数”的。这就为“我”持续的盼望奠定了心理基础。

这个时候，“我”的心情是高度期待的，是向上的。于是在母亲说的“等一会儿”中，“我藏在大门后，藏了很久”“母亲出来了，可我忘了吓唬她”。可见“我”此时是多么兴奋，兴奋到居然忘了要吓唬母亲。

此时母亲手里提着菜篮，“我”与母亲的第二次对话出现了——

您说了去！等等，买完菜，买完菜就去。买完菜马上就去吗？嗯。

如第一次对话一般，形式上是高度简洁的，唯一不同的是“我”的话后用了一个感叹号。这暗喻着“我”此刻的心情，因母亲提着菜篮外出买菜的行为，由纯粹的期盼出现了一丝焦急。这种微妙的心理变化，作者不是直接以词语告知，而是借用感叹号来实现的。

“您说了去！”这是“我”的语言，以感叹号结尾。与母亲话语后平静的句号对比起来，“我”此时内心的第一次情绪波澜是显而易见的。

在母亲出门买菜的这段时光里，“我”的心情在盼望中，除了上文出现的“焦急”，又添置了一层“无聊”。那么，作者是如何表现这种“无聊”的。

该部分的总起句——

这段时光不好挨。

一个“挨”字，将“我”此时无聊的状态传神准确地表达出来。为了“挨”过这段时光，“我”想尽了一切法子：跳房子、看云彩、找蚁穴、看画报，可谓百无聊赖。在这一部分的叙述中，作者第一次采用两个表示心情的词语——“焦急”“兴奋”。其实，纵使作者没有写出这两个词，读者从“我”的一系列动作行为中又如何体察不到呢？

这段描写“无聊”文字的结尾处，与前文“阳光明媚”构成呼应——“去年的荒草丛里又有了绿色，院子很大，空空落落”。请注意，此处虽然出现了新生小草所致的“绿色”，然而，结合后半句的文字不难判定，此处的“绿色”并非为渲染春的美好与活力，而是一种“反衬”：这“绿色”不是一大片，而是在“荒草丛里”隐隐约约露出来的，院子并未因此呈现出生机，依然是“空空荡荡”的。这幅画面实在是有些落寞。这细微处的一笔，只为传达“我”此时心理的又一次变化：“无聊”中多了一份“孤单”，这是“我”的心绪又一次变化。

“母亲买菜回来却又翻箱倒柜忙开了。”“却又”二字，意味着母亲的行为与“我”的所想形成反差，直接导致“我”心理上的巨大落差。于是，第三次对话开始了——

走吧，您不是说挖回来就走吗？好啦好啦，没看我正忙着呢吗？

这次对话，与前两次相比又有不同。“我”的语言，不再用短句子表达，说明此时心情中“焦虑”的程度又加深了。前两次对话，“我”的提问均以“走吗”“你说了去”这类直白短句呈现，因为当时“我”心里是确定母亲会带“我”去的。而此时“我”已经开始怀疑，内心出现“焦虑”，这种心理情绪表现在外部言行上便是语气的加重、句子长度的延伸：“您不是说挖回来就走吗？”

可见，言语的长短与“我”的心情是相照应的。句子越短，心情越迫切，而且“迫切”的程度越高；句子长了，说明“我”的顾虑多了，“迫切”中包含的内容多了，交杂着不确定带来的担忧与焦虑。然而，尽管如此，“我”此时的心情仍然不至于“失望”，仍是有所期待的。

作者还写了“我”与母亲的第四次“对话”——

还去吗？去。走吧？洗完衣服。

这次对话，实际上是对“我”即将表现出的又一次情感变化所作的铺垫。由于这次对话，“我”又一次陷入等待。在这次“等待”的过程中，“我”心情的变化是通过一个句子的多次重现完成的。在这部分文字中，“我一声不吭”反复出现了三次——

1. 我蹲在她身边，看着她洗。我一声不吭，盼着。

2. 我看着盆里的衣服和盆外的衣服，我看着太阳，看着光线，我一声不吭。

3. 我感觉到周围的光线渐渐暗下去，渐渐地凉下去、沉郁下去，越来越远，越来越缥缈。我一声不吭，忽然有点儿明白了。

第一次“一声不吭”是因为“我”还在等待，不想因为与母亲谈话而耽误她洗衣服。第二次“一声不吭”时，“我”明显有些焦急，因为“我”不仅看着母亲洗衣服，更“看着太阳，看着光线”。由此可推断“我”此时开始担心时间，而且暗示此时可能已经不早了。第三次“一声不吭”时，“我”

一整天的“期盼”才真正彻底走向质变——“失望”。作者巧妙地借光线的变化来隐喻“我”此时的失望心情——

我感觉到周围的光线渐渐暗下去，渐渐地凉下去、沉郁下去，越来越远，越来越缥缈。

“渐渐暗下去”“渐渐地凉下去、沉郁下去”“越来越缥缈”的不只是光线，还有“我”内心最初的期盼。

“我”那天由“期盼”到最终“失望”的心路历程叙述完毕。至此，我们才知道“那个星期天”到底将什么留在了“我”的记忆里——

我现在还能感受到那光线漫长而急遽的变化，孤独而惆怅的黄昏到来，并且听得见母亲咔嚓咔嚓搓衣服的声音，那声音永无休止就像时光的脚步。

按理说，这样的记忆是不符合常理的：具体要去的目的地不记得了，却记住了“光线的变化”“搓衣服的声音”。何以如此？只为在那个星期天“我”内心体验到的那种由“期盼”到“失望”的漫漫心路历程，让“我”永远无法忘怀。

全文最后出现了一段很特殊的文字——

那个星期天。就在那天。母亲发现男孩儿蹲在那儿一动不动，发现他在哭，在不出声地流泪。

紧接着又写道：我感到母亲惊惶地甩了甩手上的水，把我拉过去拉进她的怀里。……男孩儿蹲在那个又大又重的洗衣盆旁，依偎在母亲怀里，闭上眼睛不再看太阳，光线正无可挽回地消逝，一派荒凉。

这段文字的叙述是混乱的，第一人称与第三人称的叙述角度交杂在一起。如果将文段中“那个男孩”的“他”依然用第一人称“我”代替，即“母亲发现我蹲在那儿一动不动，发现我在哭……”“我蹲在那个又大又重的洗衣盆旁，依偎在母亲怀里……”整篇文章岂不是更和谐统一吗？非也。如果以第一人称“我”一以贯之，这篇小说将全然变成一篇回忆性质的作品，其主旨将在说明“我”对过去“那个星期天”带来的“失望”早已释怀，这不过是对童年生活的一种回味。

在第一人称叙述中，转换叙述角度，以“男孩儿”的视角，一方面为了说明此时回忆的“我”早已长大，告别了“那个星期天”所在的童年；另一方面，正是借这种身份的抽离，暗示即使时过境迁，无论岁月流转，“我”依然记得“那个星期天”发生的一切，以及它在“我”的心里永远无法抹去的失望感。

整篇小说只为传达这种永远无法弥补的童年的哀伤。

读完《那个星期天》，母亲与“我”这两个人物形象似乎并未留下深刻印象，唯一留在心里的是一种淡淡的惋惜与忧伤。这种哀伤之所以是淡淡的，因为作者在表达它时没有设置强烈的戏剧性冲突，而是通过人物内心微妙的情绪变化来实现。可见，通过人物情感变化来推动情节发展，是这篇小说独特的魅力所在。

点　评

有的小说，以“情节”见长，传统的四要素理论尚可一用，如微型小说《桥》；有的小说，以“情结”取胜，若非要通过四要素理论加以阐释，则无异于刻舟求剑、削足适履。《那个星期天》，就是以“情结”取胜的小说。这类小说怎么读？作者为我们提供了一个生动精彩的范本。这个范本的精髓，在一“情”一“结”上。“情”，自然是指人物心情，或曰心理活动。而“结”，作为名词，它指心情变化的结果；作为动词，它指心理变化的行为方式，如纠结、郁结、凝结等。具体落实到小说的叙事进程中，则是心理行为与心理结果的统一。作者解读《那个星期天》，实则是对人物情结的分析与梳理。第一个情结，在“盼望中兴奋”（1—3自然段）；第二个情结，在“兴奋中焦急”（4—5自然段）；

第三个情结，在“焦急中无奈”（6自然段）；第四个情结，在“无奈中绝望”（7自然段）。不仅如此，作者通过同类比较，又指出这样一个丰富多变的心理过程，主要是借助人物外在的行为方式体现出来，跟直接的心理描写大异其趣。这就将《那个星期天》的解读牢牢地锁定在“这一个”的位置上。与《桥》相比，“情结”的曲折性、衰变性是文本的“这一个”；与《盼》相比，“情结”的行为化、外显化是文本的“这一个”。

在文化的大地上仰望语言的星空

——沈从文《腊八粥》解读（统编语文六下）

统编小学语文教材六年级下册第一单元为“传统文化习俗”主题，有《北京的春节》、《腊八粥》、《古诗三首》(《寒食》《迢迢牵牛星》《十五夜望月》)、《藏戏》四篇课文。

很显然，这一单元的学习重心落在了解各地风俗习惯上。所谓“风俗习惯”，自然非个体独有，是为群体共有，是一种集体性人格的表达。

所谓“文化”，英国学者泰勒首先作出注释，随后各国学者纷纷给出定义。美国学者洛厄尔说得更为中肯：“为文化下定义，就像用手去抓空气，你抓不到，但它又无处不在。”

余秋雨也为此献出一己之力，言简意赅地用30字为“文化”下定义：文化，是一种成为习惯的精神价值和生活方式。它的最终成果，是集体人格。

不难发现，这一界定的学术深度，是在荣格“集体无意识”之说基础上的进一步深化。

所谓“中国文化”，即在长期的社会发展实践中形成的整个中华民族的“集体无意识”。它指向的是中华民族共同的生命格调与民族记忆。唯有首先建立起中国文化的思维坐标，对文本解读才有基本的纵向与横向的意义参照。

《腊八粥》一文，蕴含着深厚的中国文化基因。因此，我们要立足中国文化的基座，仰望文字之光照耀下的言语星空。

此文塑造了一位名唤“八儿”的孩童，因期盼喝到腊八粥所表现出的天真形象。其行为之天然，言语之稚拙，多次让读者忍俊不禁。不难发现，对这一天真朴素孩童形象的刻画，作者的创作是成功的。

从行文结构编排上看，文本的绝大部分篇幅用于记叙“等粥”部分，“喝粥”部分只有最后两段。于是，这两部分文字在用笔力度与素材密度之间形成的差异多为教师关注，并将此作为教学重点设计。教材后的练习题也有所指示：“课文主要写了等粥和喝粥两部分内容，说说哪部分写得详细，哪部分写得简略，想想这样写有什么好处？”显然，这是在写作方法层面进行的学习指引，不失为一种文本解读的路径。

在传统语文课堂上，所谓“详略得当”这类知识的传授，教师早已了然于心，积累了一定阅读经验的学生对此现象也不陌生。

然而，面对这一文本，细思之，私以为若剥离整个中华文化的底色，作更多的文本分析仍是苍白的。

此文试图从沈从文先生《腊八粥》一文中提炼出中国传统文化基因，还原其在中国文化孕育下的文学身份。

先从题目“腊八粥”三字说起。

不妨先作个反例求证：设若作者创作此文要重点指向对人物形象的刻画，即只为塑造出一个对美食天真到极度渴望的孩童形象，那么，他为何不写其他食物，唯以“腊八粥”入文？窃以为，此举必不是偶然，实乃作者之用心。

要解密何以用“腊八粥”入题，就不可避免地要提到“腊八节”这一中国传统节日。

“腊八节”，本为佛教盛大节日，相传释迦牟尼佛于农历腊月（农历十二月）初八日得道成佛。为纪念佛祖得道，遂将每年腊月初八定为“腊八节”。

经历代演变，该节由宗教节日逐渐衍化为民间节日。腊八节这天要吃腊八粥的风俗也一并沿袭。

中国民间在腊八节喝“腊八粥”这一风俗习惯的流传，也说明中国人在意识形态及精神结构方面深受佛教文化的影响。这便指向前文提及的“文化”：在腊八节，民间家家户户喝腊八粥，已经影响了中国人共同的精神价值与生活方式，最终形成中华民族的集体人格与共同记忆。在这种集体人格精神的映照下，“腊八粥”成为一种中国传统文化的载体。若以其他食物为题，必将失去其文化内涵，失去作品的历史厚重之美。

有读者或许要问：若依循这种思维方向，此文亦可用“粽子”作文章。因为“粽子”与“腊八粥”一般，也可称作一种文化载体，它关联的是中华民族另一传统节日——端午节，端午节又指向屈子高洁与忠贞的精神品格。

有此问者，笔者唯有抱歉回应：此文由“粽子”落笔，必不能也。

究其缘由，除去“文化”之因外，更因一种“文气”。

三国时期，曹丕便提出这一文学命题：“文以气为主，气之清浊有体，不可力强而致。”也就是说，优秀的文学作品有其特有的“文气”，因“文气”之别，形成不同的文字特质，最终呈现为不同的文字风格。

“文气”的形成，受制于多方面，且这一概念与“文化”一般，唯有意会方知其妙。如今且探讨：此文何以用“腊八粥”入题，实则也是因“文气”所必需。

腊八节是在每年的腊月时节，这便意味着旧岁将尽，更有新年来临之意。民间有俗语：“小孩小孩你别馋，过了腊八就是年。”也就是说，腊八节是中国盛大春节的序曲。腊八节的来临，预示着春节将近。在中华民族的共同记忆中，腊八节同样是一个辞旧迎新的吉祥之日。

基于这样的文化潜意识，不难判断：此文看似写“腊八粥”，实则背后蕴藏着一种年关将近、万象更新的吉祥气象。

唯有建立在中国传统文化基础上，解读文本才能直抵它的精神内核。如今再来触摸其具体文字，才能感受到文本深处透露出来的那份源自悠远而古朴的文化气息。我们对文本的具体解读，也将由机械的理论分析转向对文字温情的触摸。

此文的语言是质朴的，结构层次相对简明。然而有几处，仍可见作者的俏皮之趣。且看文章的第一段——

初学喊爸爸的小孩子，会出门叫洋车了的大孩子，嘴巴上长了许多白胡子的老孩子，提到腊八粥，谁不是嘴里就立时生出一种甜甜的腻腻的感觉呢。把小米、饭豆、枣、栗、白糖、花生仁合拢来，糊糊涂涂煮成一锅，让它在锅中叹气似的沸腾着，单看它那叹气样儿，闻闻那种香味，就够流三口以上的唾沫了，何况是，大碗大碗地装着，大匙大匙朝嘴里塞灌呢！

这是一段带有作者强烈主观色彩的文字，读来有种孩童般执拗的天真劲儿。“初学喊爸爸的小孩子，会出门叫洋车了的大孩子，嘴巴上长了许多白胡子的老孩子”，不难发现，此处实则概括的是三个不同年龄层次的人群，即小孩、成人、老人。作者为何不用“男女老幼”这类词来概括呢？

对比发现，“男女老幼”一类的说法，虽然语言简练，然而文字中传递出的“风情”却丧失了。所谓“风情”，便是前文提及的“文气”之说。文章是各有气象的，作者此文的“文气”便是中国旧时民间的岁月静好、民风淳朴之气。

作者将三个年龄层次的人群最终落到“孩子”（“小孩子”“大孩子”“老孩子”）这一称谓上，便为文本所述的当时社会及人群风貌镀上一抹孩子式的天真与质朴，更形成一种有别于其他文字的特殊“文气”。

“提到腊八粥，谁不是嘴里就立时生出一种甜甜的腻腻的感觉呢。”在这里，作者的主观性表达更为明显。结合后文可知，此句中，作者旨在强调人人皆爱喝腊八粥这一现象。很显然，这种绝对化的定论在客观上是难以立脚的。中国俗语云，萝卜青菜，各有所爱，哪能人人都爱腊八粥呢？但此句并未引发读者的质疑与反感，因为前半句“孩子”之说早已为文本定下“天真淳朴”的语言基调，读者与作者间达成某种文学阅读的默契，即读者接受了作者这种孩童般的天然叙述。读者能够理解，孩童的话语便是这般“霸道”而绝对。概而论之，整个第一段，作者全然是以孩子的视角来作文章的。这种天真质朴的“文气”，也为后文刻画“八儿”这一人物打上了和谐的底色。

好的文字，不见得非以文辞优雅夺人眼目。词句与章法固然为文章成功之要义，然而更能打动读者的往往是作品呈现出的完整“气象”。一句话，好文字是以“文气”立根的。《腊八粥》便是这样一例。

其实，要论对“八儿”这一人物的刻画，作者的用笔并不见得别具一格。然而，读罢文章，仍然对“八儿”这一人物形象喜爱有加，这便是“文气”的独特功用。

整篇文章在刻画“八儿”时，其“气”始终保持一种天真与稚拙。这种天真与稚拙是为读者熟识的：如此稚气的“八儿”，不仅活在此篇文章里，在读者鲜活的个体生命体验中，同样有这样的“八儿”，或者连自己也曾是这样的“八儿”。就是说，“八儿”这一人物在生活中有着广泛的典型性。

汪曾祺回忆沈从文讲述文学创作时，曾提到“要贴到人物来写”一说。意思是，你刻画老人，便要用符合老人言行的描述；你若写小孩，遣词造句便要符合小孩的习惯。

很显然，刻画“八儿”这一人物形象时，沈从文对“贴到人物来写”这一创作原理作了教科书级别的诠释。

试观一二——

妈，妈，等一下我要吃三碗！我们只准大哥吃一碗。大哥同爹都吃不得甜的，我们俩光吃甜的也行……妈，妈，你吃三碗我也吃三碗，大哥同爹只准各吃一碗，一共八碗，是吗？

要不然我吃三碗半，你就吃两碗半……

等粥时，“八儿”便开始畅想喝粥的喜悦了。此处文字是对等粥时的“八儿”语言的描述。不难发现，这种说话方式全然是孩童式的：反复、强调、逻辑单一、稚嫩。这是唯有孩童才有的纯粹与天然。

若非作者始终遵循“贴到人物来写”的创作原则，而是将“八儿”的语言变为成人式话语的得体，“八儿”的天真特质将荡然无存，文本的艺术感染力也将黯然失色。

前文提到，“等粥”与“喝粥”部分的用笔力度是不同的，重点似乎落在更大篇幅的“等粥”部分。然而，窃以为，“喝粥”部分虽文字简短，却是作者精神哲学的凝结处。

根据“等粥”部分的描写，读者可断定：此文实则是对一次“失败的煮粥”经历的描写——

“怎么，黑的！”八儿同时想起了染缸里的脏水。

“枣子同赤豆搁多了。”妈妈解释的结果……

很显然，“八儿”等待了一整天的腊八粥，最终竟如“染缸里的脏水”，让他着实诧异。也就是说，“八儿”一整天的希望最后竟落空了。至此，文章步入一个小高潮：读者不禁想知道，希望落空的“八儿”面对一锅“失败的腊八粥”，将有何表现呢?

显然，作者意识到了读者的这一期待，他巧妙地抓住读者与“八儿”此时共同所处的心理落差，将文章由平面的叙述牵引至深处。

“喝粥”部分有两段文字，来看第一段——

虽说是枣子同饭豆搁得多了一点儿，但大家都承认味道是比普通的粥要好吃得多了。

“八儿”等待一整天的腊八粥，最后竟如“染缸里的脏水”。意外的是，“大家都承认味道是比普通的粥要好吃得多了”。这种客观事实与心理体验之间形成的反差，其成因不辩自明。

结合此文开篇提及的关于腊八粥的传统风俗，这一天实则是与家人团圆，共同为迎接新年作准备的日子。因为文化潜移默化的浸润，读者必将想象此时文中的情景是：旧时年关，屋外漫天寒风，飘雪大如席，然而“八儿”一家人围炉共坐，喝着一碗热腾甘甜的腊八粥，共诉人间笑语。虽然这锅腊八粥因“枣子同饭豆搁得多了一点儿”，终如“染缸里的脏水”一般，远不及那玉露琼浆。但这丝毫不影响“八儿”一家人的幸福，因为作者要传递的是这样一种朴素的价值观：彼此相爱的人，能温馨共聚，足以胜却人间无数。

由此，我们才愿大胆揣测：这部分文字虽然只有简短两段，然而此处凝聚的是作者力求对人生宽容的精神哲学。读到此处，读者不禁联想起各自的人生。

一路行来，我们多的是“八儿等粥”的满腔热情，以及最后落空的措手不及。在漫长的等待中，我们如“八儿等粥”一般，用尽所有美好的幻想与精力，只为等待心仪的结果。也许，到最后才发现，那个结果竟是充满遗憾与不完美的。

面对人生的失意，《腊八粥》中的“八儿”及其家人，用质朴的人生哲学启迪我们：虽然希望有落空之时，然而最珍贵的部分，藏于那漫长的等待中。“等待”本身所持的美妙，胜过最终的结果。

你我的人生，无非都是这样一个在落空中体验圆满的过程。

“八儿”如此，你我亦然。

点 评

作者开宗明义，本文解读在文化，不在实用；在文气，不在技术。解读文本的实用层面，易；解读文本的文化层面，难。探求文本的外显技术，易；阐发文本的内隐文气，难。然作者偏要舍易就难、知难破难，这无关乎解读者的专业素养，关乎解读者的人格特质与精神境界。文气很玄，但作者却能轻松拈出文章开头，掐住“小孩子”“大孩子”“老孩子”三个文气行经中的“穴位”，比对，掂量，而让读者感知到一种天真、稚拙的文气。继而顺着文气的流布与漫延，让读者进一步感知到由这样的文气孕育创生的“八儿”形象。这样的解读思维，既非依于表象的感性思维，亦非求助概念的理性思维，而是立足直觉的悟性思维。愚以为，汉语文本的解读，在很大程度上需要通过悟性思维，因为从根本上说，汉语是一种神会、意合的语言，这样的语言最适宜于悟性思维。由此，我们更能明了，作者在文化层面的解读，一如既往地表现出她如有神助般的悟性思维。谁也不曾想到，“喝粥”描写的背后蕴藏着如此精深、如此温暖的民族文化精髓。在落空中体验圆满，是何等智慧，又是何等慈悲！

对这样的解读，笔者唯有谦卑、真诚地合十。

后 记

读者诸君：

这是一个深夜。

这些也不是非写不可的字。但我想，倘若此刻不写下来，这些心中激荡便将徒然消逝。

关于为何会有这样一本书，如您所识，在语文教育领域，我尚年轻，更非名师名家。然而，在这之前，首先我是，必须是一个读者。在一切精致的文字面前，我的灵魂永远保持敏感、孤独、虔诚的姿态。于是，在与文本的对话中，这些在文学殿堂上散发永恒艺术之光的作品，最终促成此书结集成册。

在众多用灵魂书写的文字中，如果说我的这些文字还有什么值得留存世间的意义，便唯有它们各具的独立性与创造性。我们知道，唯有“创造”，才是文学永恒不竭的唯一能量来源。

我选择了小学语文统编教材中不同学段的部分文章及古诗词作品作为解读对象。这些作品，无论国别、种族，更无须计较古今，它们无疑都是好文字，折射出高贵的精神品格。若这些解读能为读者所认同，并在诸君日后阅读文本时提供借鉴与思考之用，那真的是善莫大焉！

感恩在书里你我这般的遇见。

此时，唯有以曹孟德诗，一表我对整部书稿未来生命的祝愿：

幸甚至哉，歌以咏志。

刘　恋

2020 年清明于深圳

春雨缥缈夜